Wer lebte wo in Weimar

von Christiane Kruse

Goethes Gartenhaus am Frauenplan

INHALT

Die Villa des Malers Friedrich Preller d. Ä.

„(...) und schließlich nahmen wir schweren Herzens Abschied von dieser wunderschönen alten Stadt, in der (...) so viel vom Geist Deutschlands zu spüren ist, von dem großen, edlen Geist des Idealismus und der Freiheit und Ehrfurcht, den wir alle geliebt haben“, schrieb der amerikanische Schriftsteller Thomas Wolfe nach seinem Weimaraufenthalt im Sommer 1935.

Goethe und Schiller, Herder und Wieland, Friedrich Nietzsche, Lucas Cranach d. Ä. und Rudolf Steiner, Charlotte von Kalb und Louise Seidler – in kaum einer anderen Kleinstadt lebte so viel Geistes- und Kulturprominenz wie in Weimar.

Ihren bis in die Gegenwart reichenden Ruf als „Musenhof“ und deutsche Geistesmetropole verdankt die Stadt Herzogin Anna Amalia und ihrem Sohn Herzog Karl August, die Ende des 18. Jahrhunderts durch eine liberale Kulturpolitik ein ideales Klima für die berühmten Dichter der „Weimarer Klassik“ schufen.

Mit Johann Nepomuk Hummel, Franz Liszt und Richard Strauss als Kapellmeister spielte Weimar im 19. Jahrhundert auch als Musikstadt eine herausragende Rolle. Die 1860 gegründete Kunstschule zog Maler wie Franz von Lenbach und Max Liebermann an. Anfang des 20. Jahrhunderts versuchte der Kunstkenner Harry Graf Kessler der Stadt unter dem Motto „das Neue Weimar“ ein modernes Image zu verleihen, und 1919 wurde Weimar mit der Gründung des Staatlichen Bauhauses durch Walter Gropius kurzzeitig sogar ein Zentrum der künstlerischen Avantgarde.

Die Bomben des Zweiten Weltkriegs beschädigten zwar viele Weimarer Häuser, aber nur wenige, wie das einstige Wohnhaus von Johann Sebastian Bach am Markt, sind völlig zerstört, sodass die historischen Adressen der großen Persönlichkeiten Weimars noch heute besichtigt werden können.

Anhand von 54 Kurzbiografien stellt das Buch eine Auswahl der interessantesten Weimarer mit ihren einstigen Wohnstätten vor: Gelehrte und Schriftsteller, Bürgerfamilien, Frauen der Goethezeit, die berühmten

Bauhausmeister, gebürtige Weimarer wie den Unternehmer Carl Zeiss und fast vergessene Bewohner der Stadt wie den Widerstandskämpfer Theodor Neubauer, der jahrelang Häftling im berüchtigten KZ Buchenwald bei Weimar war.

Das Buch führt zu Altweimarer Bürgerhäusern, eleganten Stadtvillen und Jugendstilbauten, dem Wohnsitz des klassizistischen Architekten Clemens Wenzeslaus Coudray, dem eigenwilligen Haus von Henry van de Velde und an „Weimars Riviera", dem Nobelviertel Am Horn. Dabei skizziert es eine ebenso informative wie unterhaltsame Weimarer Kulturgeschichte von der Renaissance bis in das 20. Jahrhundert.

Herderplatz (Stahlstich von L. Oeder nach einer Zeichnung von Ludwig Rohbock, um 1840)

Blick auf Weimar (kolorierter Stahlstich, um 1850)

Anna Amalia HERZOGIN VON SACHSEN-WEIMAR-EISENACH

(geb. 1739 Wolfenbüttel – gest. 1807 Weimar)

Theaterplatz, „Wittums-palais“

Als „vollkommene Fürstin mit vollkommen menschlichem Sinn“, beschrieb Goethe Anna Amalia Herzogin von Sachsen-Weimar-Eisenach in seinem Nachruf. Durch ihre charaktervolle Persönlichkeit, ihre Aufgeschlossenheit gegenüber Neuem, ihre für die damalige Zeit ungewöhnliche Liberalität und vor allem durch ihr kulturelles Interesse hat sie entscheidend zur Blüte Weimars beigetragen.

Anna Amalia, geborene Prinzessin von Braunschweig-Wolfenbüttel, Nichte des preußischen Königs Friedrich der Große, wurde 16-jährig die Ehefrau des zwei Jahre älteren Ernst August II. Constantin Herzog von Sachsen-Weimar-Eisenach (1737 – 1758). Zwei Jahre später war sie Witwe, allein mit ihren kleinen Söhnen Karl August (1757 – 1828) und Constantin (1758 – 1793) und einem Herzogtum ohne Regenten.

Ohne darauf vorbereitet worden zu sein, übernahm sie mit 19 Jahren selbst die Regierung und leitete sie bis zur Volljährigkeit des Erbprinzen Karl August im Jahr 1775. Aktiv in die Staatsgeschäfte eingreifend und sie nicht allein ihren Ministern und Beratern überlassend, ordnete sie den Staatshaushalt und modernisierte das rückständige Herzogtum auf den verschiedensten Gebieten.

Das 1767 bis 1769 von Johann Gottfried Schlegel und Adam Friedrich Oeser für Minister von Fritsch geschaffene Palais wurde 1774 Wohnsitz der Herzogin. Ihre einstigen Wohnräume sind heute als Museum zugänglich.

Sie ließ die Scheunen innerhalb Weimars abreißen und die offenen Kanäle zuschütten, führte eine Feuerversicherung ein, eröffnete ein Hebammeninstitut und gründete die heute nach ihr benannte Bibliothek. Mit der Berufung von Künstlerpersönlichkeiten wie dem Märchensammler Musäus als Pagenerzieher und Gymnasialprofessor und dem Schriftsteller Wieland als Erzieher des Erbprinzen hat sie entscheidend zum Ruf Weimars als „Musenhof“ beigetragen.

Anna Amalia war selbst künstlerisch tätig, sie malte, spielte mehrere Instrumente, komponierte und schrieb sogar eine Abhandlung über Musik.

Herzogin Anna Amalia (Gemälde von Johann Ernst Heinsius, um 1773)

Das Wittumspalais/Ecke Theaterplatz, das sie 1774, nach dem verheerenden Brand des Weimarer Schlosses, ihrem vertrauten Minister Jakob Friedrich Freiherr von Fritsch abgekauft hatte, wurde ihr ‚Alterssitz‘ und Weimarer Kulturtreff. In ungezwungener Atmosphäre versammelte sie hier die berühmte ‚Tafelrunde‘, einen bunt gemischten Kreis von Persönlichkeiten aus Adel und Bürgertum, Gelehrten, Schriftstellern und Künstlern, zum Diskutieren und Vorlesen – der runde Tisch steht noch heute im großen Saal des Palais. Jeden ersten Freitag im Monat fanden hier auch die Sitzungen des Weimarer Gelehrtenvereins statt, in denen der Altertumskenner Böttiger über antike Prachtgefäße oder der Unternehmer Bertuch über Gartenkunst sprach.

Auch auf Anna Amalias Sommersitzen, den Schlössern Belvedere, Tiefurt und Ettersburg, kam eine heitere, informelle Gesellschaft zusammen, in der vor allem gern und viel Theater gespielt wurde.

Begraben ist die Fürstin in der Weimarer Herderkirche. ■

Verleger, Unternehmer, Schriftsteller, Übersetzer, Herausgeber (geb. 1747 Weimar – gest. 1822 ebd.)

Karl-Liebknecht-Straße 5–9, „Bertuchhaus“

„Bertuchen habe ich kürzlich besucht. Er wohnt vor dem Thore und hat ohnstreitig in ganz Weimar das schönste Haus“, schrieb Friedrich von Schiller 1787 an seinen Freund Christian Gottfried Körner.

Das große Gebäude zeugt vom Wohlstand, den Friedrich Justin Bertuch mit kaufmännischem Talent, Unternehmergeist und Fleiß erworben hat.

Der vielseitige Selfmademan, den Goethe einen „Allerweltskerl“ nannte, war im Laufe seines Lebens Schriftsteller, Übersetzer, Herausgeber, Verleger und Unternehmer – auf allen Gebieten mit Erfolg. Seine Übersetzung von Cervantes' „Don Quijote“ galt lange als maßgeblich. Bertuchs Bücher und Zeitschriften, darunter die „Blaue Bibliothek aller Nationen“ und das „Journal des Luxus und der Moden“, ein Vorläufer heutiger Lifestyle-Magazine, waren sehr begehrt. Seine 1782 eröffnete Kunstblumenfabrik, in der „unbeschäftigte Mädchen der mittleren Classen“ Arbeit erhielten, galt als Sehenswürdigkeit, und das „Landes-Industrie-Comptoir“, das neben Bertuchs Druckmedien unter anderem die Herstellung von Papier, Farben, Karten und sogar Kachelöfen vereinte, bildete ab 1791 den wichtigsten Wirtschaftsbetrieb Weimars, der circa 500 Bürgern Arbeit bot.

Über 20 Jahre lang war Bertuch außerdem Geheimsekretär und Schatullenverwalter des Herzogs Karl August. ■

Friedrich Justin Bertuch (Gemälde nach Johann Friedrich August Tischbein)

Das klassizistische Wohn- und Geschäftshaus, dessen mehrfach erweiterte Front 90 Meter misst, ließ sich Bertuch 1780/82 bis 1800 von Johann Friedrich Steiner erbauen. Es beherbergt heute das Stadtmuseum.

Schriftstellerin
(geb. 1856
Weimar –
gest. 1940
Widdersberg/
Oberbayern)

Graben 2

Die heute so gut wie vergessene Helene Böhlau war eine der wenigen Erfolgsautorinnen ihrer Zeit. Viele ihrer Erzählungen und Unterhaltungsromane waren Bestseller, darunter vor allem die „Ratsmädelgeschichten" (1888), humoristische Schilderungen aus Altweimar, die auf Berichten ihrer Großmutter basieren. Später nahm sie auch sozialkritische Themen auf. In „Das Recht der Mutter" (1896) kritisiert sie die damalige Situation lediger Mütter und in „Das Halbtier!" (1899) die gesellschaftliche Benachteiligung bürgerlicher Frauen. Sie galt als Frauenrechtlerin, was sie selbst als Missverständnis betrachtete.

Als Tochter des Weimarer Verlegers Hermann Böhlau wuchs die Schriftstellerin hier in gutbürgerlichen Verhältnissen auf.

Helene Böhlau im Alter

Romanhafte Züge hatte auch ihr eigenes Leben: Sie brach mit dem bürgerlichen Elternhaus und brannte 1886 mit dem 20 Jahre älteren Friedrich Arndt (1839–1911), einem etwas zwielichtigen Schriftsteller-Philosophen, bereits verheiratet und vierfacher Vater, nach Konstantinopel durch. Erst nach der Hochzeit – Arndt war zum Islam übergetreten, um seine erste Frau nach islamischem Recht verstoßen zu können – kam es zur Wiederannäherung an ihre Familie. Hermann Böhlau, der seine Tochter zunächst enterbt hatte, finanzierte den Kauf eines Hauses in München, wo sich das Paar inzwischen niedergelassen hatte.

Von Omar Al Raschid Bey, wie sich ihr Mann später nannte, hat Helene Böhlau stets voller Verehrung gesprochen – sie überlebte ihn um fast 30 Jahre. ■

Karl August BÖTTIGER

Publizist, Pädagoge, Archäologe (geb. 1760 Reichenbach/ Sachsen – gest. 1835 Dresden)

Jakobstraße 3

Als „Lügner", „Arschgesicht" und „Vogelscheuche" wurde Karl August Böttiger beschimpft, er war provokant und indiskret und bei den Weimarer Dichtern herzlich unbeliebt. Goethes Theaterinszenierungen begleitete er mit Verrissen, ohne Schillers Wissen brachte er dessen Manuskript von „Wallensteins Lager" in Umlauf.

Dennoch war Böttiger ein hochgebildeter und vielseitiger Mann. Neben seinem Posten als Direktor des Weimarer Gymnasiums, auf den ihn Herder 1791 berufen hatte, gab er verschiedene Zeitschriften heraus, darunter Wielands „Neuer Teutscher Merkur" und Bertuchs „Journal des Luxus und der Moden". Er war einer der besten Altertumskenner seiner Zeit und veröffentlichte zahlreiche Beiträge in ausländischen Medien.

Karl August Böttiger (Gemälde von Johann Friedrich August Tischbein, 1795)

Bis in die Gegenwart bekannt ist Böttiger durch seine Weimarer Aufzeichnungen, die sein Sohn Karl Wilhelm 1838 unter dem Titel „Litterarische Zustände und Zeitgenossen" publizierte. Böttiger gibt hier Meinungen und Ansichten seiner gelehrten Weimarer Mitmenschen wieder, referiert Gespräche mit ihnen, stellt einzelne Werke vor und schildert Zusammentreffen in Dichterhäusern – gespickt mit ironischen Bemerkungen und bissigen Charakterisierungen.

Die Weimarer Zeit betrachtete Böttiger, der 1804 nach Dresden ging, später als seinen „wahren Lebenssommer". ■

Hier hatte Böttiger von 1791 bis 1804 eine Dienstwohnung.

Komponist, Schriftsteller, Schauspieler (geb. 1824 Mainz – gest. 1874 ebd.)

Geleitstraße 10

Peter Cornelius, 1855 (Zeichnung von Friedrich Preller d. Ä.)

Ausgerechnet „Der Barbier von Bagdad“, seine erste Oper und bis heute das berühmteste Werk von Peter Cornelius, war bei der Uraufführung am Weimarer Hoftheater im Dezember 1858 durchgefallen. Gegner seines Freundes Franz Liszt, der die Oper leitete, hatten den Abend gestört und einen Theaterskandal provoziert. Sieben Jahre später wurde auch seine zweite Oper „Der Cid“ in Weimar uraufgeführt und diesmal gut aufgenommen. Cornelius aber war wegen des Misserfolgs des „Barbiers“ bereits 1859 nach Wien gegangen.

Peter Cornelius, der neben Opern viele Chorwerke, Lieder und Kirchenmusik komponierte, war auch auf anderen Gebieten talentiert. Er arbeitete in jungen Jahren als Schauspieler, schrieb über 700 Gedichte, setzte sich in Aufsätzen für die „Neue Musik“ von Richard Wagner und Franz Liszt ein, verfasste Schriften zu Theater und Kunst, übersetzte Textbücher aus sechs europäischen Sprachen und hatte sich schon während seines Studienaufenthalts in Berlin (1844 – 1852) als Musikjournalist mit allgemeinverständlichen Konzertberichten einen Namen gemacht.

Sein bescheidenes, selbstkritisches Wesen trug dazu bei, dass er sich neben so starken Musikerpersönlichkeiten wie Wagner und Liszt nicht recht behaupten konnte. Durch seinen frühen Tod im Alter von 49 Jahren geriet der „Dichtermusiker“ schnell in Vergessenheit. ■

In dem schlichten Bürgerhaus lebte der Komponist von 1853 bis 1858.

Clemens Wenzeslaus COUDRAY

Architekt, Innenarchitekt (geb. 1775 Ehrenbreitstein – gest. 1845 Weimar)

Heinrich-Heine-Straße 12/14

29 Jahre lang, von 1816 bis 1845, war Clemens Wenzeslaus Coudray Großherzoglicher Oberbaudirektor in Weimar. Wie Karl Friedrich Schinkel in Berlin übernahm Coudray hier praktisch alle Aufgaben, die in sein Ressort als oberster Baubeamter fielen. Er war Architekt und Stadtplaner, Designer und Dekorateur. In seiner Ägide entstanden zahlreiche neue Straßen und Plätze, Chausseen und Brücken. Er verfasste die erste verbindliche „Bauordnung für die Haupt- und Residenz-Stadt Weimar“ (1838), entwarf Brunnen, Möbel und sogar Öfen, kreierte Festdekorationen für offizielle Feiern wie ein Dienstjubiläum Goethes oder das Begräbnis des Großherzogs Karl August.

Coudray als 50-Jähriger (Zeichnung von Johann Joseph Schmeller)

Mit seinen Bauten prägte Coudray das klassizistische Gesicht Weimars. Nach seinen Plänen entstanden unter anderem die Torhäuser am Wielandplatz und in der Erfurter Straße, die Wagenremise am Theaterplatz (heute Bauhaus-Museum), der Westflügel des Weimarer Schlosses und die Fürstengruft auf dem Hauptfriedhof. Entwurfsfragen besprach er häufig mit Goethe, der seinen an der klassischen Antike geschulten Architekturgeschmack teilte.

Coudrays eigenes Wohnhaus, ein langgestrecktes Doppelhaus, dessen linke Hälfte einem Wegeinspektor gehörte, wurde der Prototyp für viele andere Wohnbauten in Weimar.

Mit seiner Frau Veronika (1789–1836) liegt ‚Weimars Schinkel‘ auf dem Historischen Friedhof begraben. ■

Zwei Greifen mit Löwenkörper rahmen die Inschrift „Fortunet Deus“ (Gott spende Glück) über dem Eingang zu Coudrays Wohnhaus, das 1817/18 entstand.

Maler
(geb. 1472
Kronach –
gest. 1553
Weimar)

Markt 11/12, „Cranachhaus“

Als Hofmaler folgte Lucas Cranach d. Ä. seinem Kurfürsten Johann Friedrich I. am 26. September 1552 in die neue Residenz Weimar und starb hier ein gutes Jahr später am 16. Oktober 1553 im Alter von 81 Jahren. Das Weimarer Lebensjahr verbrachte er im Haus des Kanzlers Christian Brück, dem Mann seiner Tochter Barbara. Hier begann er das Altargemälde, das – von seinem Sohn Lucas Cranach d. J. (1515 – 1586) vollendet – heute in der Weimarer Herderkirche hängt.

Neben Albrecht Dürer war Cranach einer der erfolgreichsten deutschen Maler seiner Zeit. Mit seiner manufakturartigen Werkstatt betrieb er die wohl „extensivste Bildproduktion der Epoche“: Altarbilder, Madonnen, mythologische Themen und seine vielen, etwas knochenlos wirkenden Eva-, Lukretia- und Venus-Akte. Auch von eigener Hand entstanden Porträts zeitgenössischer Adeliger und Persönlichkeiten der Reformation wie Philipp Melanchthon und Cranachs Freund Martin Luther. Im Weimarer Schlossmuseum befinden sich Cranachs Bildnisse von Johann Friedrich I. von Sachsen und seiner Braut Sibylle von Cleve (1526) sowie über 30 Gemälde seiner Werkstatt.

Cranach (li.) neben seinem Freund Martin Luther (Detail des Altargemäldes von Lucas Cranach d. J., Herderkirche Weimar)

Auf dem Weimarer Jakobskirchhof wurde Cranach beigesetzt. Nikolaus Gromann, der Architekt des Cranachhauses, schuf die Grabplatte mit der Reliefdarstellung des Malers (Kopie, Original heute in der Herderkirche). ■

Das schöne Renaissance-Doppelhaus – Cranach bewohnte die linke Hälfte – wurde 1547 bis 1549 von Nikolaus Gromann errichtet und nach Kriegsschäden 1972 wieder hergestellt.

Adolf von DONNDORF

Bildhauer
(geb. 1835
Weimar –
gest. 1916
Stuttgart)

Am Palais 2

„Von Weimar erhalte ich jetzt einen Schüler (...). Er hat für sich eine Büste modelliert, die ein Meisterwerk genannt werden könnte (...). Einen Becher hat er in Wachs modelliert, so stylvoll gemacht und erfunden (...). Es ist mir so etwas noch nicht vorgekommen", berichtete der Dresdner Bildhauer Ernst Rietschel 1853 an seinen Berliner Kollegen Christian Daniel Rauch.

Eine Künstlerlaufbahn war für Adolf Donndorf eigentlich nicht vorgesehen. Er war der Sohn eines verarmten Tischlermeisters und sollte Dorfschullehrer werden. Die Vermittlung in das Dresdner Bildhaueratelier verdankte er dem Weimarer Maler Friedrich Preller d. Ä., der sein Talent erkannt hatte und sogar eine Kollekte unter Weimarer Bürgern veranstaltete, um Geld für Donndorfs Studium zu sammeln. Als Dank hat Donndorf seiner Heimatstadt 1895 den „Donndorfbrunnen" geschenkt, der noch heute in der Geleitstraße/Ecke Rittergasse steht.

Donndorf, um 1875

Gegenüber dem ehemaligen Franziskanerkloster, wo Luther 1518 gewohnt haben soll, verbrachte der Bildhauer seine Jugend.

Donndorf, der später den Adelstitel erhielt, war mit öffentlichen Denkmälern großer Deutscher wie Bismarck, Bach, Moltke und Luther sehr erfolgreich. Für Weimar schuf er das Reiterstandbild des Großherzogs Karl August auf dem Platz der Demokratie (1867 – 1875). Auf dem Historischen Friedhof, wo er selbst begraben liegt, gestaltete er die Reliefporträts für die Gräber von Charlotte von Stein und seinem Förderer Preller. ■

Johann Peter Eckermann (Kreidezeichnung von Johann Joseph Schmeller, um 1828)

Von seiner Ankunft in Weimar, 1823, bis zum Tod des Dichters, 1832, gehörte Johann Peter Eckermann zu den engsten Mitarbeitern und Vertrauten Goethes. Er sichtete und redigierte dessen Werke, war mitverantwortlich für die 55-bändige „Vollständige Ausgabe letzter Hand" (1827–1840) und gab nach Goethes Tod dessen literarischen Nachlass heraus. Der „vorzüglich gute und brave Eckermann", so Goethe, war auch sein Gesprächspartner, Begleiter auf Spazierfahrten und häufiger Tischgast. Das Verhältnis „war das des Schülers zum Meister, das des Sohnes zum Vater, das des Bildungsbedürftigen zum Bildungsreichen", wie Eckermann selbst resümierte. Mit seinem berühmten Buch „Gespräche mit Goethe in den letzten Jahren seines Lebens" (1836–1848 erschienen) hat er später wesentlich zur Idealisierung des Weimarer Dichters beigetragen.

Eckermanns Wohnsitz von 1823 bis 1831, in unmittelbarer Nähe zu Goethes Haus am Frauenplan

Da er weder als Redakteur Goethes noch später als Buchautor genug verdiente, musste Eckermann als Sprachlehrer arbeiten, bevor er 1837 eine Stelle als großherzoglicher Bibliothekar erhielt. Aus Geldmangel konnte er erst Ende 1831 seine langjährige Braut Johanne Bertram heiraten, die schon 1834 im Kindbett starb. Den Sohn Karl, der später Maler wurde, zog er allein auf.

Auf dem Historischen Friedhof fand „Göthes Freund" – so die Grabinschrift – seine letzte Ruhe. ■

Schriftsteller, Mitarbeiter Goethes
(geb. 1792 Winsen a. d. Luhe – gest. 1854 Weimar)

Brauhausgasse 13, „Eckermannhaus"

Johannes Daniel **FALK**

Sozial-arbeiter, Schriftsteller (geb. 1768 Danzig – gest. 1826 Weimar)

Luther-gasse 1

Johannes Daniel Falk (Gemälde von Henriette Westermayer, 1805)

Als Literaten mit „so viel Genie und Feuer, einer so reichen Ader von Witz und Laune, einem so warmen Herzen, so vielen Kenntnissen und einem so entschiedenen Dichtertalent (...)", beschrieb Wieland seinen Freund Johannes Daniel Falk, der seit 1797 in Weimar lebte.

Falk war seinerzeit vor allem durch Satiren wie „Die Prinzessin mit dem Schweinerüssel" (1804), eine Persiflage auf das damalige Schauspielwesen, bekannt geworden. Heute sind seine Werke bis auf den Text des beliebten Weihnachtsliedes „O du fröhliche ..." (1816) fast vergessen.

Um Weimar hat sich Falk große Verdienste erworben: Während der französischen Besatzung der Stadt im Jahr 1806 konnte er den Bewohnern als Dolmetscher und Sekretär der Besatzungsmacht in vielen Dingen helfen. 1813 gründete er angesichts der notleidenden Bevölkerung während der Napoleonischen Kriege – vier seiner eigenen Kinder waren in dieser Zeit an Seuchen gestorben – die „Gesellschaft der Freunde in der Not". Er kümmerte sich besonders um Waisen und verwahrloste Kinder, sammelte Spendengelder, sorgte für Unterricht und suchte Pflegeeltern. Im „Lutherhof" richtete er ab 1821 mit 200 Kindern sein Waisenhaus, das „Falksche Institut", ein.

Auf dem Historischen Friedhof liegt „Weimars Pestalozzi" begraben. ■

In dem 1491 erstmals erwähnten, heute stark veränderten Gebäude, das wegen eines nicht verbürgten Aufenthalts von Martin Luther den Namen „Lutherhof" trägt, lebte Falk mit 200 Waisenkindern.

Als Lyonel Feininger im Mai 1919 an das Weimarer Bauhaus berufen wurde, kannte er die Stadt und ihre Umgebung bereits von zahlreichen Aufenthalten. Seit 1906 – Feininger lebte seit 1887 in Deutschland – war er immer wieder hierher gekommen: Wegen der Weimarer Malerin Julia Berg (1880–1970), die er 1908 in zweiter Ehe heiratete, aber auch aus Faszination für die thüringische Landschaft, die ihn künstlerisch stark anregte. Sein bevorzugtes Motiv war die Kirche von Gelmeroda, einem wenige Kilometer von Weimar entfernten Dorf. Über einen Zeitraum von 30 Jahren hat Feininger sie in Aquarellen, Zeichnungen, Grafiken und insgesamt zehn Gemälden immer wieder dargestellt, allerdings nicht wirklichkeitsgetreu, sondern „innerlich umgeformt und crystallisiert" in seinem charakteristischen, dem Kubismus verwandten Stil.

Am Bauhaus leitete Feininger zunächst die Druckwerkstatt; für das erste Manifest der Schule hat er 1919 den berühmten Titelholzschnitt „Kathedrale der Zukunft" entworfen.

Seine Zeichnungen der Weimarer Umgebung und einige seiner Gemälde sind im Weimarer Bauhaus-Museum zu sehen, darunter „Gelmeroda XI" aus dem Jahr 1928. Aus dem Schlossmuseum wurden viele Werke Feiningers, der im NS-Regime als ‚entartet' galt, in einer ersten ‚Säuberungsaktion' schon 1930 entfernt. ■

Maler, Grafiker
(geb. 1871 New York – gest. 1955 ebd.)

Gutenbergstraße 16

Feininger, circa 1930

1919 bis 1925 bewohnte Feininger mit seiner Familie den rechten Teil des schönen Doppelhauses aus dem späten 19. Jahrhundert.

Ehefrau Goethes
(geb. 1765 Weimar – gest. 1816 ebd.)

Luthergasse 5

Christiane von Goethe, geb. Vulpius verbrachte ihre Kindheit in der Luthergasse, einem der ältesten Teile Weimars. Obwohl oft behauptet, ist sie nicht proletarischer Herkunft gewesen. Sie arbeitete zwar in Bertuchs berühmter Kunstblumenfabrik, war aber keine Arbeiterin nach modernem Verständnis, sondern gehörte zu den dort angestellten „unbeschäftigten Mädchen der mittleren Classen“. Ihre Familie war trotzdem arm. Der Vater erhielt als höfischer Kopist und Archivar ein „notorisch geringes Gehalt“, mit dem er sieben Kinder zu versorgen hatte: Zu Christiane und ihren beiden Brüdern – Christian August Vulpius (1762–1827), der älteste, wurde später als Autor von Unterhaltungsromanen bekannt – kamen bald noch vier weitere Kinder aus zweiter Ehe.

Christiane und Goethe begegneten sich erstmals im Juli 1788. Sie soll ihm im Ilmpark nahe Goethes Gartenhaus ein Bittschreiben ihres Bruders Christian August überreicht haben.

28 Jahre lebte sie an Goethes Seite. Ihr Verhältnis, dass er als „verheiratet, nur nicht durch Zeremonie“ beschrieb, wurde allgemein missbilligt. Christiane galt als „von Goethesche Haushälterin“, Wieland nannte sie „Goethes Magd“ und Schiller „eine ziemlich berüchtigte Mlle Vulpius“. Auch nach ihrer Eheschließung – sie heirateten am 19. Oktober 1806 in der Jakobskirche, nachdem Christiane den hilflosen Goethe vor marodierenden französischen Soldaten gerettet hatte – wurde sie als „Geheimrätin Goethe“ von der Weimarer Gesellschaft nur allmählich akzeptiert.

Trotz ungleicher Herkunft und unterschiedlicher Interessen war die Verbindung zwischen Christiane und Goethe zeitlebens glücklich. Ihr Briefwechsel zeugt von echter gegenseitiger Zuneigung, Toleranz und zärtlicher Liebe zu ihrem Sohn August (1789–1830), der als einziges ihrer fünf Kinder das Erwachsenenalter erreichte. Sie akzeptierte Goethes Reisen und die häufigen Arbeitsaufenthalte in Jena und er die volkstümlichen Redouten, die die lebensfrohe und tanzfreudige Christiane gern besuchte. Beherzt führte sie den großen Haushalt im Haus am Frauenplan, zu dem zeitweise mehr als zehn Personen zählten, neben Mitarbeitern Goethes und ihrer eigenen Gesellschafterin Caroline Ulrich auch ihre Tante Juliane und Halbschwester Ernestine. Sie sorgte für die Bewirtung von Goethes Gästen in kleiner Runde oder bei offiziellen Empfängen, an denen sie selbst nicht teilnahm.

Christiane von Goethe (Kreidezeichnung von Friedrich Bury, 1800)

Christiane von Goethe starb am 6. Juni 1816 qualvoll an Nierenversagen – wenige Tage nach ihrem 51. Geburtstag. Ihre Wohnräume, abgelegen von Goethes Gesellschaftsräumen, können im Haus am Frauenplan besichtigt werden. Ihr Grab befindet sich auf dem Jakobskirchhof. Goethe überlebte Christiane um fast 16 Jahre. ■

Das Geburtshaus von Christiane von Goethe, geb. Vulpius. Nebenan, in der Nr. 3, wuchs die Hofschauspielerin Karoline Jagemann auf.

Dichter, Schriftsteller, Staatsmann, Naturforscher (geb. 1749 Frankfurt/ Main – gest. 1832 Weimar)

Frauenplan 1, „Goethehaus“

Dichter, Schriftsteller, Naturforscher, Kunstsammler, Minister, Bibliotheksdirektor, Leiter der Zeichenschule und Theaterintendant – das alles war Johann Wolfgang von Goethe. Er prägte nicht nur eine literarische Epoche, sondern trug durch seine vielfältigen Aktivitäten wie kein zweiter zur kulturellen Blüte Weimars bei. Er holte fähige Künstler und Gelehrte, darunter den Theologen Johann Gottfried Herder, in die Stadt, beriet in architektonischen Fragen wie beim Neubau des Schlosses oder dem Entwurf des Römischen Hauses und regte die Anlage des Ilmparks an.

Seine besondere Stellung verdankte Goethe seinem Freund und Förderer, dem Weimarer Herzog Karl August, der ihn nach einem ersten Zusammentreffen 1774 in Goethes Heimatstadt Frankfurt am Main nach Weimar einlud. Goethe traf am 7. November 1775 in der Residenzstadt ein, schon damals nicht als Unbekannter, sondern als junges Dichter-Genie, das mit seinem Roman „Die Leiden des jungen Werthers“ (1774) auch in Weimar eine begeisterte Anhängerschaft gefunden hatte. Er wurde enthusiastisch aufgenommen – und blieb ein Leben lang.

Das Haus am Frauenplan war neben dem Gartenhaus an der Ilm fast 50 Jahre Lebensmittelpunkt Goethes und vermittelt noch heute ein originalgetreues Bild seines häuslichen Alltags. Einen Teil des großen Hauses hatte er bereits ab 1782 zur Miete bewohnt, bevor es der Herzog 1792 durch seine Schatullverwaltung erwerben ließ und Goethe schenkte. Neben seiner Lebensgefährtin und späteren Ehefrau Christiane, geb. Vulpius, und Sohn August gehörten Verwandte Christianes sowie der Maler Johann Heinrich Meyer und Friedrich Wilhelm Riemer, Augusts Lehrer, zur Hausgemeinschaft; später auch Goethes Schwiegertochter Ottilie von Pogwisch und die Enkel Walther, Wolfgang und Alma.

In die nach seinem Geschmack mit farbigen Wänden, Gemälden und Antikenkopien schlicht, aber stilvoll ausgestatteten vorderen Wohnräume lud Goethe Freunde zur Betrachtung von „Kunstsachen“ oder naturwissenschaftlichen Exponaten ein. Hier empfing er neben Weimarer Dichterkollegen und Honoratioren auch Besucher aus aller Welt, zu denen die Philosophen Fichte und Hegel, die Brüder Humboldt und der Geiger Paganini gehörten, und musste ertragen, dass ihn „täglich eine Anzahl von Fremden zu bewundern verlangt, wovon viele meine Schriften nicht gelesen haben (...)“.

Goethe (Gemälde von Friedrich Dürck nach Joseph Karl Stieler, 1828)

Zur Gartenseite lagen seine Privaträume: die circa 6000 Bände umfassende Bibliothek, das fast karg ausgestattete Arbeitszimmer, in dem viele seiner großen Dichtungen wie „Die Wahlverwandtschaften“ (1809) oder die „Faust“-Dramen (1808/31), aber auch seine kunsttheoretischen und naturwissenschaftlichen Schriften entstanden, und das bescheidene Schlafzimmer, in dem Goethe am 22. März 1832 starb.

In der Fürstengruft auf dem Historischen Friedhof ruht er neben seinem Freund Schiller. ■

In dem 1709 für den Sachsen-Weimarischen Kammerkommissar und Stadtleutnant Georg Kaspar Helmershausen errichteten Haus lebte Goethe fast 50 Jahre. Seine Wohn- und Arbeitsräume sind als Goethe-Nationalmuseum zugänglich.

Architekt
(geb. 1883
Berlin –
gest. 1969
Boston/USA)

**Steuben-
straße 32**

„(...) eine Persönlichkeit ist er wie kaum ein zweiter hier", schrieb Lyonel Feininger über Walter Gropius, den Gründer und ersten Direktor des Staatlichen Bauhauses in Weimar. Und tatsächlich wäre wohl kaum ein anderer fähig gewesen in der kleinen Stadt 1919 eine Schule zu etablieren, die nicht nur durch ihr neuartiges Pädagogik-Konzept, sondern auch durch ihre revolutionären Designerprodukte international bekannt wurde. Viele Bauhausentwürfe, ob Lampen, Geschirr oder Möbel, gelten noch heute als Inbegriff moderner Formengebung.

Mit dem Bauhaus schuf Gropius eine Fusion aus Kunstakademie und Designerschule. Die Studierenden lernten hier nicht nur Stilleben-Malen und Aktzeichnen, sondern erhielten auch eine handwerkliche Grundausbildung in einer der vielen Werkstätten, von der Tischlerei-, über die Metall- und Keramikwerkstatt bis zur Weberei – geleitet von Avantgardekünstlern, die Gropius als Lehrer nach Weimar berief. Ein vielfältiges Angebot an Veranstaltungen hat ebenso zum besonderen Image der Schule beigetragen: Theater- und Musikabende, Kostüm-

feste und Vorträge gehörten zum Programm. Gropius selbst lud wöchentlich Studierende zu Leseabenden in seine eigene Wohnung ein.

Walter Gropius, 1920

Da die staatlichen Gelder nicht ausreichten, war die Finanzierung der Schule von Anfang an schwierig. Gemeinsam mit seiner jungen Frau Ise, geb. Frank (1897–1983), die er nach der Scheidung von Alma Mahler 1923 in Weimar geheiratet hatte, bemühte sich Gropius intensiv um private Förderer oder Produzenten für die Bauhausentwürfe, ging auf Vortragsreisen und verkaufte sogar private Erbstücke. Auch an Aufträgen seines privaten Architekturbüros, das er mit seinem Berliner Partner Adolf Meyer in Weimar weiter betrieb, konnte Gropius die Bauhaus-Werkstätten manchmal beteiligen, so beispielsweise am Haus Sommerfeld in Berlin (1921) oder beim Umbau des Jenaer Stadttheaters (1922; 1948 abgerissen).

Bauten von Gropius gibt es in Weimar nicht. Auf dem Historischen Friedhof aber befindet sich eine Rekonstruktion seines 1922 geschaffenen Märzgefallenen-Denkmals, das die Nationalsozialisten 1933 zerstört hatten. Eine schöne Hommage an ihn ist die rekonstruierte Fassung seines Direktorenzimmers, die heute im einstigen Hauptgebäude des Weimarer Bauhauses zu sehen ist.

In dem um 1880 erbauten Haus Ecke Gropiusstraße wohnte der bedeutende Architekt und Bauhaus-Direktor von 1920 bis 1925.

Wegen des politischen Drucks von rechts, aber auch der ablehnenden Haltung vieler Weimarer Bürger, verlegte Gropius die Schule bereits 1925 in das liberalere Dessau. „Neunzig Prozent der unerhörten Anstrengungen, die alle Beteiligten in dieses Unternehmen hineinsteckten", sagte Gropius später über die Weimarer Bauhaus-Ära, wurden benötigt für „die Abwehr von Feindseligkeiten auf lokaler und nationaler Ebene". ■

Theologe, Philosoph, Schriftsteller (geb. 1744 Mohrungen in Ostpreußen/heute Morag in Polen – gest. 1803 Weimar)

Herderplatz 8, „Herderhaus“

„Die ganze Predigt glich einem Diskurs, den ein Mensch allein führt, äußerst plan, volksmäßig, natürlich. Es war weniger eine Rede als ein vernünftiges Gespräch. (...) Einfach wie sein Inhalt ist auch der Vortrag, keine Gebärdensprache, kein Spiel mit der Stimme, ein ernster und nüchterner Ausdruck. (...) Herders Predigt hat mir besser als jede andere, die ich in meinem Leben zu hören bekommen habe, gefallen“, lobte Friedrich von Schiller, der im August 1787 erstmals einen Gottesdienst von Johann Gottfried Herder besucht hatte.

Durch Vermittlung Goethes, der ihn aus Straßburg kannte, wurde Herder 1776 als Pastor der Stadtkirche, Oberhofprediger und Generalsuperintendent des Herzogtums nach Weimar berufen. Später übernahm er außerdem die Präsidentschaft des Oberkonsistoriums,

Die Superintendentur, ein um 1550 errichtetes und 1726/27 barockisiertes Gebäude, nannte Herder sein „großes unbequemes Haus“.

der höchsten Kirchen- und Schulbehörde, sodass ihm auch das Schulwesen unterstand.

Johann Gottfried Herder (Kopie nach einem Gemälde von Friedrich Rehberg, um 1784)

Herder aber war nicht das, was man sich unter einem Theologen des 18. Jahrhunderts vorstellt, er war ganz und gar ein Aufklärer. Er trat weltlich auf, konnte reiten und Schlittschuh laufen und kritisierte sogar das viele Beten und Bibellesen an den Schulen. Im Bildungssystem regte er manche Reform an: gleichberechtigten Unterricht in Deutsch, Geografie und Rechnen neben den klassischen Fächern Latein und Griechisch, eine bessere Ausstattung mit Lehrmaterialien und die Einrichtung einer Schulbibliothek. Nebenbei gab Herder, der klagte, dass er unter der „Last austrocknender, verzehrender Geschäfte" kaum noch zum Schreiben komme, eine Volkslieder-Sammlung heraus und veröffentlichte christliche, literarische und philosophische Schriften, darunter sein berühmtes Hauptwerk „Ideen zu einer Philosophie der Geschichte der Menschheit" (1784/91). Seine Frau Caroline, geb. Flachsland (1750–1809), half als Sekretärin und verhandelte mit den Verlegern: Die Herders, Eltern von sechs Söhnen und einer Tochter, waren auf die zusätzlichen Einnahmen aus der schriftstellerischen Arbeit durchaus angewiesen.

In Weimar, das er als „unseliges Mittelding zwischen Hofstaat und Dorf" bezeichnete, fühlte sich Herder nie sonderlich wohl. Trotz guter Freunde, zu denen Charlotte von Stein und Karl Ludwig von Knebel zählten, sah er sich isoliert. Das anfänglich herzliche Verhältnis zu Goethe war schnell abgekühlt, und zum Hof hatte er, außer einer engeren Beziehung zu der religiösen und literaturinteressierten Herzogin Luise, der Frau Karl Augusts, ein distanziertes Verhältnis.

In der nach ihm benannten Stadtkirche neben seinem Wohnhaus ist der große Theologe, Philosoph und Schriftsteller, der seinem Freund Gleim gegenüber geäußert hatte, dass er in Weimar „nicht zu sterben wünsche", ehrenvoll beigesetzt. Die Grabplatte im Mittelschiff trägt seinen schönen Wahlspruch: „Licht, Liebe, Leben". ■

Schriftsteller, Germanist (geb. 1798 Fallersleben bei Braunschweig – gest. 1874 Schloss Corvey/ Westfalen)

Leibnizallee 4

„Alter 54 Jahre, Größe 6' 3", Haare und Augenbrauen blond, Stirn frei, Augen blau, Nase länglich, rotblonder Kinnbart, Gesichtsfarbe blaßgelb" – so lautete der Steckbrief von August Heinrich Hoffmann von Fallersleben. Seit der Veröffentlichung seiner „Unpolitischen Lieder" (1840 ff), in denen er die restaurative „Rückwärtserei" in Deutschland verspottet hatte, wurde er politisch verfolgt. Seine Breslauer Professur hatte er aufgeben müssen.

Hoffmann von Fallersleben

Durch Vermittlung von Bettine von Arnim kam Hoffmann 1854 nach Weimar, um das „Weimarische Jahrbuch für deutsche Sprache, Literatur und Kunst" herauszugeben. Mit seiner mehr als dreißig Jahre jüngeren Frau, seiner Nichte Ida zum Berge, verlebte er hier eine glückliche Zeit im Freundeskreis um Franz Liszt und den Maler Friedrich Preller d. Ä. Der regierende Großherzog jedoch stellte die Gelder für Hoffmanns Arbeit nur widerwillig bereit, sodass er sich gezwungen sah, 1860 eine Stelle als Bibliothekar in Schloss Corvey anzunehmen.

Hoffmann verfasste unter anderem den Text der späteren deutschen Nationalhymne (1841) und unzählige Kinderlieder, die seither fest zum deutschen Liedgut gehören, darunter „Alle Vögel sind schon da" und „Ein Männlein steht im Walde". In Erinnerung an Weimar, dem er lange nachtrauerte, entstanden seine „Lieder aus Weimar", die Franz Liszt vertonte. ■

In dem über dem Ilmpark gelegenen Haus lebte der Schriftsteller von November 1854 bis 1860.

„(...) das ehemalige Wächtersche Haus und Garten gekauft (...), die Wagen-Remise, den Stall, die Waschküche und die Badestube gebaut (...), den Reichmannschen Garten dazugekauft, und vieles darin gebaut und verbessert", notierte Johann Nepomuk Hummel 1823 in sein Capitalien-Buch.

Pianist, Komponist, Dirigent (geb. 1778 Preßburg/ heute Bratislava – gest. 1837 Weimar)

Marienstraße 8

Großfürstin Maria Pawlowna hatte ihn 1819 als Hofkapellmeister nach Weimar berufen, denn Hummel war, wie vor ihm Mozart und wenig später Franz Liszt, seit seiner Kindheit ein europaweit gefeierter Klaviervirtuose.

Auch neben seinem umfangreichen Arbeitspensum als Kapellmeister, zu dem nicht nur die Leitung von Opern und Konzertabenden, sondern auch Klavierstunden für Weimarer Bürgertöchter, Berufsmusiker und die Großfürstin gehörten, trat Hummel weiterhin als Pianist auf. Er verfasste außerdem eine bekannte Klavierschule (1827) und komponierte Klaviersonaten, Opern, Kammer- und Kirchenmusik. Seiner Gönnerin Maria Pawlowna widmete er unter anderem die Variationen „Adagio und Rondo über ein russisches Thema".

Johann Nepomuk Hummel (Kreidezeichnung von Johann Joseph Schmeller, 1826)

„(...) für einen Virtuosen von so großer Berühmtheit auffallend bescheiden", wie Goethes Mitarbeiter Eckermann bemerkte, lebte Hummel mit seiner Frau, der Wiener Opernsängerin Elisabeth Röckel, und seinen beiden Söhnen Carl und Eduard gern häuslich und zurückgezogen.

Auf dem Historischen Friedhof ist der heute fast vergessene Musiker begraben. ■

Das Haus in der Marienstraße kaufte Hummel 1823.

Franz HUTH

Maler
(geb. 1876 Pößneck/ Thüringen – gest. 1970 Weimar)

Schubertstraße 15

Franz Huth malte vor allem Stadtveduten und Interieurs von Kirchen und Schlössern in ganz Deutschland, darunter viele Ansichten seiner Heimatstadt Pößneck, Bilder von Heidelberg, wo er in jungen Jahren eine Manufaktur für Porzellan- und Glasmalerei betrieb, und die Festsäle der Schlösser Bruchsal, Darmstadt oder Potsdam. Auch Weimar hat er immer wieder dargestellt: Den Ilmpark, die Herderkirche, den Historischen Friedhof, einen Blick in die Seifengasse und das Junozimmer im Goethehaus am Frauenplan.

Franz Huth im Alter

Huth jedoch dokumentierte nicht nur. Seinen Werken, meist Pastelle und Aquarelle, die völlig unbeeinflusst von modernen Kunstströmungen sind, verlieh er durch ein weiches, harmonisches Farb- und Lichtspiel eine äußerst reizvolle Stimmung, die bis heute der Grund für die Beliebtheit seiner Bilder ist. Die meisten Originale Huths befinden sich in Privatbesitz. Viele seiner Motive aber erschienen als Reproduktionen in Bildmappen, neben „Heidelberg“ und „Schwetzingen“ 1959 auch die historischen Stätten Weimars.

48 Jahre verbrachte Huth in der vornehmen Stadtvilla.

Vom Verkauf seiner Kunst konnte Franz Huth, der auch zu DDR-Zeiten sehr geschätzt und mit dem Professorentitel geehrt wurde, gut leben. Bereits 1922, bei seiner Übersiedlung nach Weimar, erwarb er mit seiner Frau Gertrud, die ebenfalls Malerin war, das repräsentative Haus in der Schubertstraße. ■

„Die Sinnestätigkeit (Auge und Tastsinn) zu schärfen, das Empfinden zu vertiefen und das Denken zu klären an den Darstellungsmitteln der bildenden Kunst (Farbe und Form) war das Eine. Das Andere galt der Aufrichtung und Befreiung, dem ‚Sich-selbst-finden' des Einzelnen als schöpferische Persönlichkeit", schrieb Johannes Itten über seinen Unterricht.

Im Unterschied zu den anderen Meistern war er ausgebildeter Lehrer mit pädagogischer Erfahrung, als er im Oktober 1919 von Gründungsdirektor Walter Gropius an das Weimarer Bauhaus berufen wurde. Itten gilt als einer der einflussreichsten Persönlichkeiten der frühen Bauhaus-Ära. Das pädagogische Konzept der Schule hat er mit der Entwicklung des Vorkurses, der das Fundament des Bauhaus-Studiums bildete, entscheidend geprägt. Berühmt ist bis heute auch sein „Farbkreis" (1921).

Itten in seiner selbst entworfenen Bauhaustracht, 1921

Trotz seiner bedeutenden Rolle verließ Itten das Bauhaus schon 1923 wieder. Als Anhänger der Mazdaznan-Lehre, einer auf vegetarischer Ernährung und Atemtechniken basierenden östlichen Heilslehre, hatte er mit seinen Studenten eine Art Sekte innerhalb der Schule gebildet, was Gropius auf Dauer nicht akzeptierte.

Im Weimarer Bauhaus-Museum ist neben grafischen Werken Ittens die Rekonstruktion seiner raumhohen, abstrakten Skulptur „Turm des Feuers" zu sehen. ■

Maler, Kunstpädagoge (geb. 1888 Südern-Linden bei Thun/Kanton Bern – gest. 1967 Zürich)

Leibnizallee 2

In der 1906/07 von Rudolf Zapfe erbauten Neobarock-Villa lebte Itten von 1920 bis 1923. Dann übernahm sein Nachfolger László Moholy-Nagy die Wohnung.

Schauspielerin, Sängerin (geb. 1777 Weimar – gest. 1848 Dresden)

Herderplatz 9, „Deutschritterhaus“

Sie spielte die „Leonore“ in Goethes „Torquato Tasso“, die „Johanna“ in Schillers „Die Jungfrau von Orleans“, die „Franziska“ in Lessings „Minna von Barnhelm“, und sie sang die „Constanze“ in Mozarts „Die Entführung aus dem Serail“: Karoline Jagemann, ab 1809 Freifrau von Heygendorff, war ein großer Bühnenstar im Weimar der Goethezeit.

Dem Kunstsinn Anna Amalias hat sie ihre für die damalige Zeit außerordentliche Karriere zu verdanken. Die Weimarer Herzogin finanzierte Karoline Jagemann, die als Tochter eines Bibliothekars aus einfachen Verhältnissen stammte, eine gute Ausbildung unter anderem am Nationaltheater Mannheim bei August Wilhelm Iffland. 1797 wurde sie von Goethe an das Weimarer Hoftheater engagiert, wo sie bald auch ein Mitspracherecht an den Inszenierungen verlangte. Bis heute sagt man ihr eine Neigung zu Selbstherrlichkeit und Herrschsucht nach – Schwächen, die sie sich leisten konnte, denn seit 1802 war sie die Mätresse des regierenden Weimarer Herzogs Karl August, mit dem sie später drei Kinder hatte.

Karoline Jagemann Freifrau von Heygendorff (Gemälde von Joseph Karl Stieler, 1829)

Berühmt ist der Konflikt mit Goethe: Er überließ der Jagemann geschlagen die Theaterleitung, nachdem sie in „Der Hund des Herrn Aubry“ den Auftritt eines dressierten Hundes durchgesetzt hatte.

1828, nach dem Tod Karl Augusts, nahm sie ihren Bühnenabschied und lebte nur noch zeitweise in Weimar. ■

Das Haus, einer der bedeutendsten Renaissancebauten Weimars aus dem Jahr 1566, erhielt die Jagemann 1808 von Herzog Karl August geschenkt.

Dramatiker
(geb. 1878
Magdeburg –
gest. 1945
Ascona/
Schweiz)

Am Horn 15

„Ich überfliege mein Leben: es ist keine glatte Landschaft mit Wiesenfrieden und Wälderrauschen – nein, es ist ein zerklüftetes Gebirge mit Schneegipfeln und wüsten Abgründen. Ich stieg und stürzte ab – ich raffte mich auf und klomm wieder hinan. Wieder Sturz und nie Rast", schrieb Georg Kaiser 1942 an einen Freund.

Kaiser, der 1917 mit dem expressionistischen Stück „Die Bürger von Calais" einen ersten großen Erfolg hatte, gehörte neben Bertolt Brecht und Gerhart Hauptmann zu den deutschen Star-Dramatikern, bis seine Theaterkarriere 1933 durch die NS-Machtergreifung ein abruptes Ende fand. Neben Romanen, Lyrik, Filmexposés, Opernlibretti und Revuen verfasste er mehr als 70 Schauspiele – immer an einem runden Arbeitstisch, auf dem er die einzelnen Szenen wie Zahlen auf einem Ziffernblatt verteilte.

Georg Kaiser mit seinem Sohn Dante Anselm, um 1922

Kaiser lebte ruhelos und über seine Verhältnisse; trotz hoher Einnahmen und einer reichen Ehefrau plagten ihn stets Geldsorgen. 1920 kam er wegen Unterschlagung einige Monate in Haft, da er in Finanznöten Inventar einer im bayerischen Tutzing gemieteten Villa verkauft hatte. Sein Hauptwohnsitz in Seeheim/Bergstraße und die Weimarer Villa wurden konfisziert.

Bei seinem Tod im Schweizer Exil hinterließ Kaiser Schulden in Höhe von fast 300 000 Franken. ■

Das Haus war zwischen 1911 und 1918 der Zweitwohnsitz von Georg Kaiser und seiner Frau, der Magdeburger Kaufmannstochter Margarethe, geb. Habenicht.

Charlotte von KALB

Schrift-stellerin, Dichtermuse (geb. 1761 Walters-hausen – gest. 1843 Berlin)

Windischen-straße 8

Charlotte von Kalb, geb. Freiin Marschalk von Ostheim, war die Freundin und Gönnerin zweier großer Dichter, mit denen sie wenig Glück hatte. Wegen ihrer Liebe zu Friedrich von Schiller, den sie aus Mannheim kannte, zog sie im Juni 1787 nach Weimar; er folgte ihr einen Monat später. „Wir haben uns vorgesetzt, kein Geheimniß aus unserm Verhältniß zu machen", schrieb Schiller über seine Beziehung zu Frau von Kalb, die von ihrem Mann getrennt lebte. Geheiratet jedoch hat er 1790 Charlotte von Lengefeld.

Charlotte von Kalb (Gemälde von Johann Friedrich August Tischbein, um 1787)

Auch Jean Paul, der sie in seinem Roman „Titan" (1800/03) in der Figur der „Linda" porträtierte, entzog sich einer Bindung, wohl auch weil die gebildete und literarisch interessierte Charlotte von Kalb seine Werke nicht nur bewunderte, sondern auch kritisierte.

Ihre Wohnung in der zweiten Etage überließ Charlotte von Kalb 1799 ihrem Freund Schiller. Nur an ihn erinnert heute eine Gedenktafel.

Ihr eigenes Leben bietet Stoff für ein Melodram: Mit acht Jahren Waise, eine erzwungene Ehe mit dem Offizier Heinrich von Kalb (1752–1806), Verlust des Vermögens, Selbstmord von Mann und Sohn und eine armselige Existenz als Kurzwaren- und Teehändlerin in Berlin, bis sie 82-jährig im Berliner Schloss, wo ihre Tochter Hofdame war, verstarb. „(...) ich fürchte das Unglück und die Öde und die Trauer meines Lebens", hatte sie bereits Jahre zuvor an Jean Paul geschrieben.

Hinterlassen hat sie einen Roman und ihre Memoiren „Charlotte", die sie – seit 1820 erblindet – diktieren musste. ■

Maler, Grafiker
(geb. 1866 Moskau – gest. 1944 Neuilly-sur-Seine)

Wilhelm-Külz-Straße 3

Wassily Kandinsky, bei seiner Berufung schon 56 Jahre alt, gehörte neben Feininger, Itten, Schlemmer und Klee zu den bedeutenden Bauhausmeistern.

Er kam im Juni 1922 nach Weimar, nach einigen Jahren in München war es bereits sein zweiter Deutschlandaufenthalt. Aus Moskau – Kandinsky hatte bei Ausbruch des Ersten Weltkriegs nach Russland zurückkehren müssen – brachte er seine zweite, wesentlich jüngere Frau Nina von Andrejevskaja mit, die er 1917 geheiratet hatte.

Am exzentrischen Bauhaus, wo er zunächst die Werkstatt für Wandmalerei leitete, wirkte Kandinsky, den man als korrekte Erscheinung mit der „Eleganz eines Wissenschaftlers" und einer „gewissen Unpersönlichkeit im Umgang mit Menschen" beschrieb, äußerlich etwas deplaziert. Als universal gebildeter Künstler und anschaulich vermittelnder Lehrer jedoch wurde er sehr geschätzt. Er regte nicht zur bloßen Nachahmung von Vorbildern, sondern zur Entwicklung eigener Kreativität an. Um das Sehvermögen zu trainieren – so erinnerte sich ein ehemaliger Student – hat er „eine große Anzahl verschiedenfarbige Rechtecke, Quadrate, Scheiben und Dreiecke mitgebracht, die er uns in verschiedenen Kombinationen vorhält". Sie dürften seinen eigenen abstrakten Bildern der Bauhaus-Ära geähnelt haben.

Kandinsky, 1925

Grafik von Kandinsky zeigt das Weimarer Bauhaus-Museum. ■

Kandinsky lebte von 1923 bis 1925 im zweiten Stock.

Harry Graf KESSLER

Diplomat, Schriftsteller, Kunstexperte (geb. 1858 Paris – gest. 1937 Lyon)

Cranachstraße 15

„Das Feuer brennt im Kamin und wirft einen Schein auf die festlichen Reiter des Parthenonfrieses. Hellgelbe Bücher stehen in weißen Schränken. In den Glasvitrinen aber schauen liebliche kleine Frauengestalten Maillols in Spiegel, die ihre reinen strengen Formen wiedergeben. Über einem mattlila Diwan ziehen die Nymphen Maurice Denis' durch einen phantastischen Wald. Vor dem Fenster steht eine altchinesische Bronzeschale. (...) Ich erinnere mich noch des Abends, als Gerhart Hauptmann mit dem schönen Kopf davorsaß und eines seiner Dramen vorlas, während Rilke mit uns aufmerksam, ohne Kritik, lauschte. Aber die Tür ist nach dem Schreibzimmer geöffnet (...), wo über Reihen köstlicher Bücher die Bilder

In der zweiten Etage hatte Kessler von 1905 bis 1935 eine luxuriöse Wohnung.

französischer Impressionisten erglühen wie bunte Blumen." So beschreibt Helene von Nostitz-Wallwitz in ihren Erinnerungen die überaus elegante Atmosphäre in der kostbar ausgestatteten Weimarer Wohnung von Harry Graf Kessler. Einen Teil der Möbel hatte er sich – teilweise schon für seine frühere Berliner Wohnung – von Henry van de Velde entwerfen lassen und den belgischen Architekten damit zum gefragten Designer der kultivierten High Society gemacht.

Harry Graf Kessler (Gemälde von Edvard Munch, 1907)

In der Cranachstraße 15 traf sich das „Neue Weimar": Neben Helene von Nostitz-Wallwitz und ihrem Mann vor allem der Maler Ludwig von Hofmann, der spätere Weimarer Theaterintendant Ernst Hardt und Elisabeth Förster-Nietzsche, die Schwester des Philosophen Friedrich Nietzsche. Prominente Schriftsteller und Musiker kamen zu Lesungen und Musikabenden.

Graf Kessler, Sohn eines deutschen Bankiers und einer irischen Baronesse, bestens ausgebildet, mit ausgezeichneten gesellschaftlichen Verbindungen, Kosmopolit und Dandy, widmete sich nach gescheiterter Diplomatenkarriere engagiert der Etablierung moderner Kunst in Deutschland – mit Wirkungsfeld Weimar: Im Museum für Kunst und Kunstgewerbe, deren ehrenamtlicher Direktor er 1903 wurde, zeigte er französische und deutsche Avantgardekunst von Manet, Renoir und Cézanne, Kandinsky, Nolde und Corinth. Eine Ausstellung von Aktzeichnungen Rodins im Jahr 1906 jedoch spielten Gegner aus konservativen Kreisen derart zum Skandal hoch, dass Kessler von seinem Amt zurücktrat. „Diese kleinen Spießbürger hier fangen an, sich wirklich wichtig zu nehmen, seitdem man ihnen so viele berühmte Leute zuführt", hatte Kessler schon 1905 sarkastisch in sein Tagebuch notiert.

Nach Aufgabe der Museumsleitung lebte Graf Kessler nur noch zeitweise in Weimar, behielt aber seine Wohnung in der Cranachstraße – bis sein Mobiliar samt Kunstbesitz 1935 von den Nationalsozialisten auf die Straße gestellt und zwangsversteigert wurde. ■

Jakobstraße 10, „Kirms-Krackow-Haus“

„Wollen Sie mich erfreuen, so lassen Sie, ohne vorher zu Hause etwas zu sagen, um ein Uhr mich an Ihren Tisch setzen und froh bei Ihnen sein“, schrieb der Berliner Theaterdirektor August Wilhelm Iffland am 21. Dezember 1812 an Franz Kirms.

Franz (li.) und Karl Kirms (Scherenschnitte vermutlich von F. E. Starke, um 1785)

Die Brüder Franz und Karl Kirms hatten ihr Haus zum zwanglosen geselligen Mittelpunkt im klassischen Weimar gemacht. Beide besaßen höhere Posten in der Weimarer Verwaltung. Karl Kirms (1741–1821) diente als Sekretär der Geheimen Kanzlei, die die Geschäfte des Geheimen Consiliums, der Regierung Weimars, führte, und Franz Kirms (1750–1826) war zuständig für die Finanzen des Weimarer Theaters, wodurch enge Kontakte zur damaligen Künstlerszene entstanden. Neben Goethe, der als Theaterleiter eng mit Franz Kirms zusammenarbeitete, gehörten Friedrich von Schiller, August von Kotzebue, Johannes Daniel Falk und der Komponist Johann Nepomuk Hummel zu ihren Gästen.

Das Haus, schon seit 1701 im Besitz der Familie Kirms, ließen die Brüder 1783 bis 1786 durch Baurat Johann Friedrich Steiner umbauen und erweitern. Charlotte Krackow (1825–1915), eine Nichte von Karoline Krackow (1779–1866), der Frau von Franz Kirms, bewahrte den Zustand des Hauses und vermachte es 1915 der Stadt Weimar, die es als Museum bürgerlicher Wohnkultur des frühen 19. Jahrhunderts einrichtete. ■

Das um 1520 für einen wohlhabenden Kaufmann errichtete Gebäude – hier ein Blick in den Innenhof – ist eines der ältesten erhaltenen Wohnhäuser Weimars.

Paul Klee, 1927

Maler, Grafiker
(geb. 1879 Münchenbuchsee/ Schweiz – gest. 1940 Muralto bei Locarno)

Am Horn 53

„Im zweiten Stock des Bauhauses (...) hatte mein Vater zwei Räume als Atelier zugeteilt bekommen. Jeden Morgen gingen Vater und Sohn zweimal den Weg hin und zurück durch den Weimarer Park, von unserer Wohnung am Horn über die Ilmbrücke, am Dessauer Stein, am Lisztdenkmal vorbei zum Bauhaus. (...) Keine Kreatur und keine Pflanze blieben dem Sperberauge meines Vaters verborgen. Im Sommer beobachteten wir die Nachtigallen, im Winter die Schneehühner (...).“ Die Erinnerungen seines Sohnes Felix (1907–1990), damals Lehrling in der Tischlerwerkstatt des Weimarer Bauhauses, geben einen lebendigen Eindruck von der Beobachtungsgabe und dem Natursinn des Künstlers Paul Klee, der mit seinen halbabstrakten, oft kindlich-primitiv wirkenden Bildern weltberühmt wurde.

Im ersten Stock hatte Klee mit seiner Frau Lily und Sohn Felix erstmals eine komfortable Wohnung mit vier Zimmern und elektrischem Licht.

Paul Klee, noch ohne Lehrerfahrung, jedoch in Avantgardekreisen als Künstler bereits hoch anerkannt, kam im Januar 1921 als Bauhausmeister nach Weimar – für den Maler erstmals eine finanziell abgesicherte Existenz. Er hielt einführende Vorlesungen, leitete die Buchbinder- und Glasmalerei-Werkstatt und hat auch zur musikalischen Kultur der Schule beigetragen. Mit seiner Frau, einer Pianistin, veranstaltete Klee, der selbst Geige spielte, häufig Konzerte und Hausmusikabende.

Bilder Klees besitzen die Gemäldegalerie des Weimarer Schlosses und das Bauhaus-Museum. ■

Karl Ludwig von **KNEBEL**

Offizier, Prinzenerzieher, Übersetzer, Schriftsteller (geb. 1744 Schloss Wallerstein bei Nördlingen – gest. 1834 Jena)

Markt 13

Karl Ludwig von Knebel ist vor allem als „Urfreund" Goethes ein Begriff. Bei einem Aufenthalt in Frankfurt am Main im Jahr 1774 machte er den Dichter mit dem Weimarer Erbprinzen bekannt – eine schicksalhafte Begegnung für Goethe: Als Günstling Karl Augusts kam er 1775 nach Weimar, erhielt hohe Regierungsämter und konnte seine einzigartige Lebensstellung als ‚Weimarer Dichterfürst' etablieren.

Knebel war ein Offizier mit schriftstellerischen Ambitionen und engen Kontakten zu Literatenkreisen. Aufgrund seiner Bildung und seiner kulturellen Interessen wurde er von Herzogin Anna Amalia 1774 zum Erzieher des Prinzen Constantin (1758–1793), dem jüngeren Bruder Karl Augusts ernannt. Gemeinsam mit seinem Zögling lebte er ab 1776 in dem kleinen Schloss Tiefurt bei Weimar, das sich durch seinen Einfluss zum Ort unzeremonieller Geselligkeit entwickelte. Den Schlossgarten ließ er nach eigenen Entwürfen zum englischen Landschaftspark umgestalten.

Karl Ludwig von Knebel (Kreidezeichnung, unbekannter Künstler)

Nach der Volljährigkeit des Prinzen übersetzte Knebel als Privatgelehrter mit Ruhegehalt Properz, Lukrez und Byron und verfasste Gedichte. Er lebte nur noch zeitweise in Weimar. Nicht zuletzt wegen seiner von vielen Bekannten missbilligten Heirat mit der 34 Jahre jüngeren Sängerin Louise von Rudorf, die einen Sohn von Karl August hatte, zog er sich nach Ilmenau und Jena zurück. ■

In dem Gebäude rechts neben dem Cranachhaus lebte Knebel ab 1789 bei seinen Weimarer Aufenthalten.

Schriftsteller
(geb. 1761
Weimar –
ermordet 1819
Mannheim)

Schloßgasse 6

August von Kotzebue stammte aus einer angesehenen Weimarer Beamtenfamilie, sein Vater war Kabinettssekretär bei Herzogin Anna Amalia. Goethe verkehrte in der Familie Kotzebue, als August klein war, und der bekannte Schriftsteller Johann Karl August Musäus war sein Onkel.

Als junger Mann musste Kotzebue Weimar verlassen. Er galt als Unruhestifter, da er Satiren auf Weimarer Bürgerstöchter verfasst hatte; die Aussicht auf eine Stelle bei der herzoglichen Behörde zerschlug sich daraufhin.

August von Kotzebue

Berühmt und erfolgreich kehrte er zwischen 1799 und 1818 mehrfach für längere Zeit in seine Heimatstadt zurück. Er hatte im russischen Staatsdienst als Beamter Karriere gemacht und war zum gefragtesten deutschen Bühnenautor aufgestiegen. Auch das Weimarer Publikum liebte seine nach immer gleichem Muster verfassten Dramen, meistens Familienrührstücke mit Happy End. Keine Anerkennung aber erhielt er von der Kritik und der Dichterelite seiner Zeit, die im Theater nicht nur unterhalten, sondern auch moralisch erziehen wollte. Zerstritten war er mit Goethe, der für eine Inszenierung am Weimarer Theater an Kotzebues Lustspiel „Die deutschen Kleinstädter“ (1803) einige Streichungen vorgenommen hatte.

Eine der Weimarer Wohnungen des Erfolgsautors. Kotzebue wohnte hier ab 1802 (links).

Tragisch war Kotzebues Ende: Als angeblicher Vaterlandsverräter und russischer Spion wurde er von dem radikalen Burschenschaftler Carl Ludwig Sand erstochen. ■

Franz von LENBACH

Maler
(geb. 1836 Schroben-hausen/ Oberbayern – gest. 1904 München)

Amalien-straße 17

Als Franz von Lenbach, der später zu einem der gefragtesten Porträtisten der gesellschaftlichen Elite aufstieg, im Oktober 1860 Professor an der neugegründeten Großherzoglichen Kunstschule in Weimar wurde, war er erst 23 Jahre alt und noch völlig unbekannt. Sein Münchner Lehrer Karl von Piloty hatte ihn an den Direktor Stanislaus Graf von Kalckreuth empfohlen, der sich durch jüngere Künstler, die nach der Natur malten, ein modernes Gegengewicht zur tradierten Historienmalerei erhoffte.

Franz von Lenbach, Selbstbildnis, 1902

Trotz seiner Befürchtung, dass der Weimarer Hof „lächerlich deutschzopfig" sei, war Lenbach dem Ruf gefolgt. Denn „500 Taler Jahresgehalt, freies Atelier und Übersiedlung vergütet" boten ihm erstmals eine finanziell abgesicherte Existenz. In dem Bildhauer Reinhold Begas und dem Maler Arnold Böcklin, den er bereits aus München kannte, fand er hier außerdem gleichgesinnte junge Kollegen.

Die Atmosphäre bei Hof jedoch, wo er als Professor regelmäßig im Frack erscheinen musste, widerstrebte dem jungen Maurersohn Lenbach, dem sichere gesellschaftliche Umgangsformen damals noch fehlten. Trotz erster Porträtaufträge aus Adelskreisen sah er auch künstlerisch keine Zukunft in Weimar und verließ die Stadt im April 1862 wieder. Sein frühes Gemälde „Italienerknaben" (1859) hängt im Schlossmuseum. ■

Lenbach war Untermieter bei Arnold Böcklin und dessen italienischer Ehefrau Angela. Eine Gedenktafel erinnert auch an den Maler Christian Rohlfs, der einige Jahre später in diesem Haus lebte.

Maler, Grafiker (geb. 1847 Berlin – gest. 1935 ebd.)

Frauenplan 8

„Die Kritiker in Berlin haben mich herunter gerissen. Der heftige Tadel dieser Kritik zeigt mir, daß mein Bild nicht mittelmäßig war, was mir das Deprimierendste gewesen wäre“, schrieb Max Liebermann 1872 aus Weimar an seinen Bruder Felix. Mit seinem Gemälde „Die Gänserupferinnen“ (heute Alte Nationalgalerie Berlin), das „in dem kleinen Weimar ein bedeutendes Aufsehen machte“, hatte er einen ersten Erfolg. Ein Hamburger Kunsthändler kaufte es für 3000 Mark, Berliner Galeristen machten Vertragsangebote und Ferdinand Pauwels, sein Lehrer an der Weimarer Kunstakademie, der an Liebermanns Talent gezweifelt hatte, meinte, er könne ihm nun nichts mehr beibringen.

Eines seiner zahlreichen Selbstporträts: Selbstbildnis mit Palette, 1912 (Berlin, Berlinische Galerie)

„(...) selbstverständlich, daß ich engagierter Goetheaner wurde. Wohnte ich doch gegenüber dem Goethehause (...)“, sagte Max Liebermann, der 1868 bis 1873 an der Weimarer Kunstakademie studierte.

Max Liebermann, der später zum bedeutendsten deutschen Impressionisten, gefragten Porträtmaler und zu einer der großen Künstlerpersönlichkeiten seiner Zeit aufstieg, vertrat mit den „Gänserupferinnen“ eine neue Kunstauffassung: Statt der damals üblichen sentimentalen Genreszenen zeigte er nüchtern und ungeschönt die Arbeitswelt einfacher Menschen.

„Ein Gemälde“, so eine zeitgenössische Kritik, „worin die abschreckendste Häßlichkeit in unverhüllter Abscheulichkeit thront (...).“

Liebermanns Bilder „Die Kartoffelsammlerin“ (1874) und „Die Gattin des Künstlers am Strand“ (1895), ein Porträt seiner Frau Martha, befinden sich im Weimarer Schlossmuseum. ■

Pianist, Komponist, Dirigent (geb. 1811 Raiding/ heute Doborján in Ungarn – gest. 1886 Bayreuth)

Marien-straße 17

Franz Liszt – Klaviervirtuose, Komponist, Abbé, Kapellmeister, Bohemien und Weltbürger – lebte zweimal längere Zeit in Weimar, ließ sich aber auf Dauer nicht an die Stadt binden. 1842 wurde er zum Weimarer Hofkapellmeister in außerordentlichen Diensten ernannt, nahm aber erst 1848, nach Beendigung seiner einzigartigen Pianistenkarriere, die er bereits als 11-jähriger begonnen hatte, Wohnsitz in der Weimarer Altenburg, Jenaer Straße 3. Gemeinsam mit seiner Lebensgefährtin Carolyne von Sayn-Wittgenstein (1819–1887), einer verheirateten russischen Fürstin, die sich kleidete wie „eine Fee aus Tausend und einer Nacht“, brachte Liszt exzentrischen Glamour und jede Menge Prominenz in das

Der einstige Alterswohnsitz des Musikers ist heute Franz-Liszt-Museum.

brave Weimar. Unzählige Verehrer, Schüler und Kollegen besuchten ihn hier, darunter Johannes Brahms, Joseph Joachim, Friedrich Smetana und Richard Wagner, dessen Opern er am Weimarer Hoftheater auf den Spielplan setzte, 1850 sogar die Uraufführung des „Lohengrin", während Wagner als politischer Aktivist auf der Flucht vor den Polizeibehörden war. Auch kompositorisch waren die Weimarer Jahre für Liszt eine äußerst kreative Phase, in der unter anderem seine „Sinfonischen Dichtungen", die „Dante"- und die „Faust"-Symphonie und die „Ungarischen Rhapsodien" entstanden. Seine Weimarer Ära endete 1858 mit der von ihm geleiteten Uraufführung von Peter Cornelius' Oper „Der Barbier von Bagdad", die Liszts Gegner zum Anlass genommen hatten, einen Theaterskandal zu provozieren. Liszt legte sein Amt nieder und verließ die Stadt 1861 endgültig.

Der junge Franz Liszt (Gemälde von Ary Scheffer, 1838)

In der Absicht, ihn erneut an Weimar zu binden, ließen der damalige Großherzog Karl Alexander und seine Frau Sophie das 1799 erbaute und 1819 von Clemens Wenzeslaus Coudray umgestaltete ehemalige Hofgärtnerhaus zur Wohnung für den berühmten Musiker umbauen. Von 1869 bis 1886 verbrachte Liszt, der abwechselnd auch in Rom und Budapest lebte, die Sommermonate in Weimar – ohne offizielles Amt, aber umlagert von seinen Schülern, denen er kostenlos Klavierunterricht gab. „Wozu ihm ein ehernes Denkmal setzen, da er doch von seinen unzähligen Jüngern bereits denkmalswürdig gemacht worden ist. (...) Er wandelt herum wie eine lebende Statue und nimmt an jedem Morgen die Huldigungen einer kniefälligen Menge entgegen", spottete Richard Wagner, der seit 1870 mit Cosima, Liszts Tochter aus der Ehe mit Marie Gräfin d'Agoult, verheiratet war.

Das hübsche Hofgärtnerhaus am Randes des Ilmparks wurde nach dem Tod Liszts als Gedenkstätte eingerichtet. Außer seinen im prunkvollen Stil des späten 19. Jahrhunderts ausgestatteten Wohn- und Arbeitsräumen sind hier Dokumente zu seinem Leben zu sehen. ■

Georg **MUCHE**

Maler, Grafiker, Architekt (geb. 1895 Querfurt – gest. 1987 Lindau/ Bodensee)

Steubenstraße 38/40

Georg Muche kam im Frühjahr 1920 an das Weimarer Bauhaus. Mit 25 Jahren war er damals der jüngste unter den Bauhausmeistern und hatte zudem an der Sturm-Kunstschule in Berlin seit 1916 bereits Lehrerfahrungen gemacht.

Muche, der als Anhänger der religiösen Lehre Mazdaznans zum Kreis um Johannes Itten gehörte, leitete mit ihm

Georg Muche

zunächst den Vorkurs. Später war er außerdem Formmeister der Holzbildhauerwerkstatt und der Weberei, in der er die Studentin Elsa Franke (1901–1980) kennen lernte, die 1922 seine Frau wurde.

Hervorgetreten ist Muche in seiner Weimarer Zeit weniger als Künstler und Lehrer, sondern als Architekt. Anlässlich der ersten großen Bauhaus-Ausstellung 1923 entwarf er das „Musterhaus Am Horn“: Ein komplett nach den Prinzipien des Bauhauses gestaltetes und durch dessen Werkstätten eingerichtetes Einfamilienhaus – der einzige Bauhaus-Bau, den Weimar besitzt und der heute als Museum zugänglich ist.

Muches malerisches Werk durchlief viele stilistische Veränderungen, von abstrakt-kubistischen Bildern der Sturm- und Bauhaus-Ära über einen gegenständlichen Surrealismus bis zu harmonisch-farbenfrohen Malereien in späteren Jahren. Einige seiner Gemälde und Grafiken schenkte Muche, der auch zu DDR-Zeiten häufiger nach Weimar kam, den Weimarer Kunstsammlungen. ■

Muche wohnte im rechten Teil des 1874 errichteten Doppelhauses in der ersten Etage.

Jurist, Staatsmann, Schriftsteller (geb. 1779 Kunreuth/ Franken – gest. 1849 Weimar)

Windischenstraße 12

Durch Empfehlung der Weimarer Familie von Egloffstein, deren fränkische Güter sein Vater verwaltete, kam Friedrich von Müller 1801 als Regierungsassessor nach Weimar. Trotz seiner einfachen Herkunft machte er als Justizbeamter eine steile Karriere und stand bereits 1815 als Kanzler an der Spitze der Weimarer Justizverwaltung – eine Laufbahn, die er auch seinen diplomatischen Erfolgen verdankte: 1806 hatte Friedrich von Müller erreicht, dass Sachsen-Weimar auch nach dem verlorenen Krieg gegen Napoleon ein souveränes Herzogtum bleiben konnte.

Friedrich von Müller (Kreidezeichnung von Johann Joseph Schmeller)

Obwohl 30 Jahre jünger wurde Friedrich von Müller später ein enger Freund des alten Goethe, der mit ihm nicht nur über Literatur und Politik diskutierte, sondern auch Persönliches besprach und ihn zu seinem Testamentsvollstrecker ernannte. Friedrich von Müller verwaltete den Nachlass Goethes – teilweise auch gegen die Interessen der Erben – und plante schon damals die Einrichtung eines Museums im Haus am Frauenplan. Anhand eigener Tagebuchnotizen stellte er „Goethes Unterhaltungen mit dem Kanzler Friedrich von Müller" zusammen, die 1870 posthum erschienen – ein Dokument, das, anders als Eckermanns und Riemers idealisierende Goethebücher, ein lebensnahes Bild des alten Dichters vermittelt.

Hier lebte der Justizbeamte mit seiner Frau Wilhelmine, geb. Lüttich.

Auf dem Historischen Friedhof befindet sich das Grab des Weimarer Kanzlers. ■

Schriftsteller, Märchensammler, Literaturkritiker (geb. 1735 Jena – gest. 1787 Weimar)

Kegelplatz 4

„Der glückliche Humor, der ihn als Schriftsteller auszeichnet, war auch in allen Lagen des Lebens sein beständiger Gefährte. Die Hauptzüge seines Charakters waren: eine nie getrübte Heiterkeit, der Spiegel einer reichen Seele, herzliche Gutmütigkeit, Dienstfertigkeit gegen jedermann und eine grenzenlose Bescheidenheit", schrieb Friedrich Justin Bertuch im Nachruf auf seinen Freund Johann Karl August Musäus.

Musäus, dessen Theologielaufbahn schon vor Antritt seiner ersten Pfarrerstelle gescheitert war, da er auf einer Kirmes getanzt hatte, wurde 1763 Pagenerzieher am Weimarer Hof und 1769 Professor am Gymnasium. Gleichzeitig war er Literaturkritiker – für die „Allgemeine deutsche Bibliothek" von Friedrich Nicolai rezensierte er um die 350 Romane – und Autor zeitkritischer Satiren. In „Grandison der Zweite" (1760/62) parodiert er den damaligen Empfindsamkeitskult und in „Physiognomische Reisen" (1778/79) die durch Lavaters „Physiognomische Fragmente" ausgelöste Mode, Charaktere aus der Gesichtsform zu deuten. Berühmt wurde Musäus durch seine „Volksmährchen der Deutschen" (1782/86), die er sich von Einheimischen hatte erzählen lassen – dreißig Jahre vor den Märchen der Brüder Grimm.

Johann Karl August Musäus (Gipsbüste von Gottlieb Martin Klauer, um 1784)

Auf dem Weimarer Jakobskirchhof liegt Musäus, der nur 52 Jahre alt wurde, begraben. ■

In das 1754 erbaute Haus, heute Sitz einer Albert-Schweitzer-Gedenkstätte, zog Musäus 1770 mit seiner Frau Juliane, die er zwei Jahre zuvor geheiratet hatte.

Theodor Neubauer begann im Oktober 1922 als Lehrer für Geschichte, Französisch und Englisch an der Sophien-Schule in Weimar. Es war bereits seine dritte Lehrerstelle. Am Erfurter Lyzeum und der Realschule Ruhla hatte er nach Elternprotesten aufhören müssen, denn Neubauer war überzeugter und engagierter Kommunist. Er trat für eine sozialistische Pädagogik ein, hatte die programmatische Schrift „Die neue Erziehung der sozialistischen Gesellschaft" veröffentlicht und machte als politischer Funktionär Karriere. 1921 bis 1924 leitete Neubauer die kommunistische Fraktion im Thüringer Landtag, 1924 bis 1933 war er Reichstagsabgeordneter in Berlin.

Pädagoge, Politiker, NS-Widerstandskämpfer (geb. 1890 Ermschwerdt bei Witzenhausen/ Werra – hingerichtet 1945 Brandenburg-Görden)

Marienstraße 9

Nach der NS-Machtergreifung begann der Leidensweg Neubauers: Im August 1933 wegen illegaler kommunistischer Parteiarbeit von der Gestapo verhaftet, saß er im KZ Esterwegen und 1937 bis 1939 im berüchtigten KZ Buchenwald bei Weimar. Nach der Haftentlassung – Neubauer arbeitete jetzt in einer Autoreparaturwerkstatt – baute er gemeinsam mit Magnus Poser eine Widerstandsorganisation auf, die unter anderem Flugblätter gegen den Krieg verfasste, in dem auch sein eigener Sohn Hartmut 1942 fiel. Im Juli 1944 wurde Neubauer nochmals verhaftet und, nur wenige Monate vor der Kapitulation Nazideutschlands, am 5. Februar 1945 im Zuchthaus Brandenburg-Görden hingerichtet. ■

Theodor Neubauer

In dem großzügigen Wohnhaus lebte der kommunistische Widerstandskämpfer von 1923 bis 1928 mit seiner Familie (links das langgestreckte „Jägerhaus").

Philosoph, Klassischer Philologe (geb. 1844 Röcken bei Lützen/ Sachsen – gest. 1900 Weimar)

Humboldtstraße 36, „Villa Silberblick"

1897, nach dem Tod der Mutter, wurde der schwerkranke Friedrich Nietzsche von seiner Schwester Elisabeth Förster-Nietzsche (1846–1935) nach Weimar geholt. Gemeinsam bezogen sie die 1889 erbaute, oberhalb der Stadt gelegene „Villa Silberblick", die ihnen eine seiner Verehrerinnen zur Verfügung gestellt hatte. Bewusst hat Nietzsche die Zeit in Weimar nicht mehr erlebt. In geistiger Umnachtung dämmerte er noch drei Jahre vor sich hin, „(...) nicht einem Kranken oder Wahnsinnigen, sondern eher einem Toten" gleichend, wie es im Tagebuch von Harry Graf Kessler heißt, der zu den prominenten Besuchern gehörte, denen die Schwester ihren dahinsiechenden Bruder vorführte.

Nietzsche starb in der Weimarer Villa am 25. August 1900 – nach einem bedeutenden und tragischen Leben. Er war einer der großen Philosophen seiner Zeit, der Literatur, Kunst und Psychologie bis weit in das 20. Jahrhundert hinein enorm beeinflusste. Als klassischer Philologe hatte er früh Karriere gemacht – 25-jährig war er bereits Professor an der Universität Basel –, sich aber auch schnell zum akademischen Außenseiter entwickelt. In seinen Schriften „Die Geburt der Tragödie aus dem Geist der Musik" (1872), „Die fröhliche Wissenschaft" (1881/82), und „Also sprach Zarathustra" (1883/85), seinem berühmten Hauptwerk, brach er mit gängigen Wertvorstellungen und verwarf bürgerliche Moral ebenso wie christliche Ethik. Seine Idee vom „Übermenschen", durch den Nationalsozialismus später verfälscht und vereinnahmt, schockierte und faszinierte Generationen von Intellektuellen.

1889 brach Nietzsche, der wegen zunehmender Nervenleiden bereits 1879 pensioniert worden war, mit einer als progressive Paralyse diagnostizierten Geisteskrankheit zusammen – möglicherweise die Folge einer lange zurückliegenden Syphilisinfektion.

Nach seinem Tod baute seine geschäftstüchtige Schwester mit Hilfe großzügiger Sponsoren in der Weimarer Villa das Nietzsche-Archiv auf, um ihn „als die edelste Lichtgestalt den Leuten fest in die Herzen zu prägen". Tatsächlich hat sie dem Werk ihres berühmten Bruders durch Manipulationen und Fälschungen seiner nachgelassenen Schriften und Briefe dauerhaft geschadet. Die Villa, deren Erdgeschoss sie ab 1902 durch den belgischen Designer-Architekten Henry van de Velde zu repräsentativen Archivräumen mit elegantem Jugendstil-Interieur umgestalten ließ, wurde zu einer Art Propaganda-Zentrale des Nietzsche-Kults, die später auch Nazigrößen offen stand. Bibliothek, Arbeits- und Speisesaal, Anfang der 1990er Jahre wieder hergestellt, können heute als „Gedenkstätte Nietzsche-Archiv" besichtigt werden. Die Archivbestände allerdings befinden sich inzwischen im Weimarer Goethe-und-Schiller-Archiv.

Nietzsche, 1887

Nietzsche liegt auf dem Friedhof seines Heimatortes Röcken begraben. ■

Nietzsches letzter Wohnsitz, heute Gedenkstätte Nietzsche-Archiv

Helene von NOSTITZ-WALLWITZ

Schriftstellerin (geb. 1878 Berlin – gest. 1944 Bassenheim bei Koblenz)

Tiefurter Allee 4

Helene von Nostitz-Wallwitz

„Wir genießen hier jetzt die Stille, die schöner ist als auf dem Lande, weil einige Töne der Stadt doch heraufdringen und abends aus der Kaserne der Zapfenstreich", schrieb Helene von Nostitz-Wallwitz aus ihrer Weimarer Villa. Der Beruf ihres Mannes Alfred (1870–1953), der 1908 für zwei Jahre Regierungsrat im Staatsministerium von Sachsen-Weimar wurde, hatte sie hierher geführt.

Helene von Nostitz-Wallwitz, aus der preußischen Adelsfamilie von Beneckendorff und von Hindenburg stammend – Reichspräsident Paul von Hindenburg war ihr Onkel – galt als Inbegriff der kultivierten Aristokratin: schön und elegant, musisch und äußerst kunstinteressiert. Sie pflegte enge Kontakte zur Kulturelite ihrer Zeit, mit Hugo von Hofmannsthal, Rainer Maria Rilke und Auguste Rodin, der eine Porträtbüste von ihr anfertigte, war sie befreundet. Zu den Weimarer Freunden zählten Harry Graf Kessler und der Architekt und Designer Henry van de Velde, von dem ein Teil ihrer Einrichtung stammte. Einen Schreibtisch aus rotem Padukholz nebst Bücherschränken hatte er schon für die Berliner Wohnung ihres Mannes entworfen.

Die erlesene Sphäre ihres Weimarer Kreises hat Helene von Nostitz-Wallwitz, die später mehrere kulturwissenschaftliche Bücher verfasste, 1924 in ihren Memoiren „Aus dem alten Europa" beschrieben. ■

Die 1882 erbaute Villa war von 1908 bis 1910 Wohnsitz von „Madame Culture".

Maler
(geb. 1804
Eisenach –
gest. 1878
Weimar)

Belvederer Allee 8

Seine Karriere als Maler verdankte Friedrich Preller d. Ä. vor allem Goethe, der ihn schon als Schüler mit dem Zeichnen von Wolkenstudien beauftragte. „Eines Tages“, so erzählte Preller später, „ich war ungefähr fünfzehn Jahre alt, ließ Goethe mich zu sich rufen. (...) Ich habe eine kleine Arbeit für Sie, sagte er, bei der Sie selbst etwas lernen, was Ihnen bleibt.“

Später vermittelte er Preller Stipendien zur Weiterbildung in Dresden, Antwerpen, Mailand und zuletzt in Rom; Goethes Sohn August starb hier 1830 in seinen Armen.

Friedrich Preller d. Ä. (Gemälde von Charles Verlat, Kunstsammlungen zu Weimar)

In Weimar hatte Preller ein gutes Auskommen. Neben Arbeiten für den Hof – wie die Wandbilder des Wielandzimmers im Weimarer Schloss – malte er klassizistische Landschaften und dramatische Seestücke für private Kunden. 1834 wurde er Direktor der Freien Zeichenschule, an der er einst selbst gelernt hatte.

Das Neue Museum am Weimarplatz, einst Großherzogliches Museum, beherbergt Prellers Hauptwerk: die

Die Neorenaissancevilla gegenüber dem Ilmpark, in der Preller seit 1869 lebte, zeugt von Ansehen und Wohlstand des Malers.

großen Wandbilder mit Darstellungen aus der „Odyssee“. Einige seiner Gemälde besitzen die Weimarer Kunstsammlungen, darunter sein frühes Bild „Eislauf auf den Schwanenseewiesen“ (1824), mit dem Goethe Großherzog Karl August auf Preller aufmerksam gemacht hatte.

Auf dem Historischen Friedhof liegt der Maler, der mit einer Antwerpener Kapitänstochter drei Söhne hatte, begraben. ■

Schriftstellerin
(geb. 1859 Alexandria/Ägypten – gest. 1941 Weimar)

Am Horn 39

Um „(...) zu künden, was Mädchen und Frauen schweigend litten", schrieb Gabriele Reuter gesellschaftskritische Frauenromane, mit denen sie, wie ihre Weimarer Kollegin Helene Böhlau, international bekannt wurde. Der literarische Durchbruch gelang ihr 1905 mit dem Roman „Aus guter Familie", eine scharfe Kritik an der Moralerziehung bürgerlicher Mädchen, die in ‚besseren Kreisen' als „Teufelswerk" verschrien war, von Sigmund Freud aber wegen der „Einsichten in das Wesen und die Entstehung von Neurosen" ausdrücklich gelobt wurde. Ein fast ebenso großer Erfolg war auch „Das Tränenhaus" (1908), in dem sie vehement die damalige Situation lediger Mütter anklagt.

Gabriele Reuter, um 1896

Ihre Romane und Novellen sind meist autobiografisch gefärbt. Gabriele Reuter stammte als Tochter eines wohlhabenden Großkaufmanns selbst aus einer großbürgerlichen, nach dem frühen Tod des Vaters (1872) allerdings verarmten Familie. Um 1895 brachte sie ihre uneheliche Tochter Lili zur Welt, deren Vater sie zeitlebens verschwieg.

In Weimar, wo sie von 1879 bis 1895 und von 1929 bis zu ihrem Tod lebte, hat sie sich mit ihrem Roman „Frau Bürgelins Söhne" (1898), in deren Figuren sich viele Weimarer wiedererkannten, nicht gerade beliebt gemacht.

Ihr einstiges Grab auf dem Weimarer Hauptfriedhof ist heute nicht mehr vorhanden. ■

In der ersten Etage der vornehmen Villa in Pension bei Margarete Gräfin zu Dohna verbrachte die Schriftstellerin ihre letzten acht Lebensjahre.

Friedrich Wilhelm Riemer ist heute nur noch durch seine enge Verbindung zu Goethe bekannt. Er kam 1803 nach Weimar und wurde zunächst Griechisch- und Lateinlehrer von dessen Sohn August – seine Hauslehrerstelle bei Wilhelm von Humboldt in Berlin hatte er wegen der unerwiderten Liebe zu Humboldts Frau Caroline aufgegeben.

Altphilologe, Pädagoge, Bibliothekar, Mitarbeiter Goethes (geb. 1774 Glatz in Schlesien/ heute Kłodzko in Polen – gest. 1845 Weimar)

Wieland-platz 3/ Ecke Steuben-straße

Für Goethe, in dessen Haus er bis 1812 lebte, wurde Riemer im Laufe der Jahre eine unentbehrliche Stütze bei seinen literarischen und naturwissenschaftlichen Schriften; häufig beriet er ihn zu altphilologischen Themen. Er war sein Reisebegleiter, führte die Korrespondenz für ihn, arbeitete mit an der „Goethe-Ausgabe letzter Hand" (1827–1840) und gab, gemeinsam mit Eckermann, den literarischen Nachlass heraus – alles neben seiner Tätigkeit als großherzoglicher Bibliothekar und Professor am Weimarer Gymnasium.

Friedrich Wilhelm Riemer (Zeichnung von Johann Joseph Schmeller, 1824)

Riemer selbst veröffentlichte neben einem griechisch-deutschen Wörterbuch unter dem Titel „Blumen und Blätter" auch eigene Gedichte. Erfolg aber hatte er nur mit seinen „Mitteilungen über Goethe" (1841), in denen er sich als fast übergroßer Bewunderer des Dichters erweist.

Ein etwas abweichendes Porträt Riemers zeichnet Thomas Mann in seinem Roman „Lotte in Weimar", in dem er ihn als resignierten Gelehrten schildert, der sich als „Wissenslieferant" Goethes bezeichnet. ■

Hier hatte Riemer mit seiner Frau Caroline, geb. Ulrich, der einstigen Gesellschafterin von Goethes Frau Christiane, ab 1841 eine Wohnung.

Dichter, Schriftsteller, Kritiker, Historiker (geb. 1759 Marbach – gest. 1805 Weimar)

Schillerstraße 12, „Schillerhaus"

„Ich habe dieser Tage endlich einen alten Wunsch realisirt, ein eigenes Haus zu besitzen. Denn ich habe nun alle Gedanken an das Wegziehen von Weimar aufgegeben und denke hier zu leben und zu sterben", schrieb Friedrich von Schiller 1802 an den Verleger Göschen.

Seit der Übersiedlung von Jena nach Weimar im Dezember 1799 hatte Schiller mit seiner wachsenden Familie – mit seiner Frau Charlotte, geb. von Lengefeld (1766–1826) hatte er vier Kinder – in einer zu engen und unkomfortablen Wohnung in der Windischenstraße 8 gelebt. Am 29. April 1802 bezog er das 1777 für einen Kaufmann erbaute Haus in der heutigen Schillerstraße und starb hier fast genau drei Jahre später am 9. Mai 1805 an den Folgen einer Lungenentzündung.

Im Unterschied zu Goethe, der sein Haus am Frauenplan von Herzog Karl August geschenkt bekam, musste Schiller sein Wohnhaus selbst erwerben. Die Kosten von 4200 Talern brachte er nur durch private Kredite und einen hohen Vorschuss seines Verlegers Johann Friedrich Cotta auf. Auch wenn das große Haus und seine bevorzugte Lage an der einstigen Esplanade, Weimars vornehmer Flanierstraße, von einem gewissen Wohlstand

zeugen: Schiller ist nie frei von finanziellen Sorgen gewesen. Anders als Goethe war er in Weimar ohne offizielles Amt, und weder das Jahresgehalt des Weimarer Herzogs noch die Zuwendungen wohlhabender Mäzene reichten für den Unterhalt der Familie aus, sodass Schiller auf die Einnahmen aus seinen schriftstellerischen Arbeiten angewiesen war.

Schiller (Gemälde von Ludovike Simanowiz, 1793 – Detail)

Trotz seines labilen Gesundheitszustands hat er fast ununterbrochen und unter ständigem Druck geschrieben – und so seinen frühen Tod mit nur 45 Jahren selbst beschleunigt.

„Maria Stuart" (1800), „Die Braut von Messina" (1803), die „Wallenstein"-Trilogie und sein letztes vollendetes Stück „Wilhelm Tell" (1804) wurden in Weimar uraufgeführt. Für das Weimarer Theater bearbeitete er auch Werke anderer Autoren, darunter Lessings „Nathan der Weise", Shakespeares „Macbeth" und Goethes „Iphigenie". Schiller inszenierte auch, zum Teil gemeinsam mit Goethe, mit dem ihn seit 1794 eine enge Freundschaft und äußerst fruchtbare Arbeitsgemeinschaft verband. Bei Schillers erstem Weimarer Aufenthalt von Juli 1787 bis Mai 1788 – er lebte, damals noch unverheiratet, in der Frauentorstraße 21 – war Goethe noch auf seiner fast zweijährigen Italienreise gewesen.

Im ehemaligen Wohnhaus Schillers können seine originalgetreu rekonstruierten Wohn- und Arbeitsräume besichtigt werden. Das angrenzende Schillermuseum (ganz rechts) informiert über Leben und Werk des Dichters.

Schiller, der zunächst im Kassengewölbe auf dem Jakobskirchhof bestattet wurde, ruht heute neben Goethe in der Fürstengruft auf dem Historischen Friedhof. „Ich (...) verliere nun einen Freund und in demselben die Hälfte meines Daseins", schrieb Goethe nach Schillers Tod. Er überlebte ihn um fast 27 Jahre. ■

Maler, Grafiker, Bildhauer, Bühnenbildner, Choreograf (geb. 1888 Stuttgart – gest. 1943 Baden-Baden)

Prellerstraße 14

Seit März 1921 hatte Oskar Schlemmer in einem der Kavaliershäuser von Schloss Belvedere gelebt und gearbeitet; 1923 zog er mit seiner Familie in die Prellerstraße.

Am Weimarer Bauhaus leitete er seit Januar 1921 die Wandmalerei- und Holzbildhauerei-Werkstätten, später auch die Steinbildhauerei und ab 1923 die Bauhausbühne. Seine Bühnenarbeiten – er choreografierte, entwarf Bühnenbilder und Kostüme und trat als Clown oder Tänzer auch selbst auf – brachten dem Bauhaus großen Prestigegewinn. Neben der Inszenierung der Operneinakter „Mörder, Hoffnung der Frauen" nach einem Stück von Kokoschka und „Das Nusch-Nuschi" von Franz Blei gehörte das „Triadische Ballett" (1921) zu seinen größten Erfolgen. In abstrakt-geometrischen Kostümen, den „Figurinen", entwickelten die Tänzer neuartige Ausdrucksformen – für Schlemmer eine Weiterentwicklung seiner Bilder, in denen er häufig die Bewegung des Menschen im Raum thematisierte, wie auf seinem berühmten Gemälde „Bauhaustreppe", das 1932 als Hommage an die legendäre Schule entstand (Museum of Modern Art, New York).

Oskar Schlemmer, um 1941/42

Im Van-de-Velde-Bau des Weimarer Bauhauses sind heute die Rekonstruktionen der einst von den Nationalsozialisten entfernten Wandgemälde und Reliefs zu sehen, die Schlemmer 1923 anlässlich der Bauhaus-Ausstellung mit seinen Werkstätten gestaltet hatte. ■

Die Adresse von Oskar und Tut Schlemmer und ihren drei kleinen Kindern bis zum Umzug des Bauhauses nach Dessau

Maler
(geb. 1794 Groß-Obringen bei Weimar – gest. 1841 Weimar)

Graben 33

„Der Künstler hat den richtigen Blick und eine ungemeine und sichere Hand, der Ausdruck seines inneren Wesens wird sich in seinen Bildern immer mehr und mehr hervortun. Sein unermüdeter Fleiß lässt das Beste von ihm erwarten“, schrieb Karl Ludwig von Knebel über Johann Joseph Schmeller.

Er gehörte zu den Weimarer Malern, die ihren Erfolg der Förderung durch Goethe verdanken. Goethe brachte ihn 1818 als Lehrer an der Weimarer Freien Zeichenschule unter, vermittelte ihm 1820 ein Stipendium für eine Ausbildung an der Antwerpener Kunstakademie, bestimmte ihn zum Zeichenlehrer seines Enkels Walther und erteilte ihm seinen größten Auftrag: Zwischen 1824 und 1832 malte und zeichnete Schmeller ca. 130 Personen aus Goethes Lebenskreis wie den Komponisten Hummel, den Architekten Coudray, den Goethe-Mitarbeiter Eckermann und prominente Besucher wie Wilhelm von Humboldt oder Bettine von Arnim – die „Schmeller-Sammlung“ ist eine einzigartige Porträtgalerie der Goethezeit. Von Schmeller stammt auch eine der treffendsten Darstellungen des alten Goethe: das Gemälde „Goethe in seinem Arbeitszimmer, seinem Schreiber John diktierend“ (1834), das heute in der Herzogin-Anna Amalia-Bibliothek hängt.

Selbstporträt, um 1830 (Kreidezeichnung)

Wohnhaus und Atelier Schmellers, 1832 mit dem Vermögen seiner Frau Maria Christiane, geb. Apell, erworben

Der ‚Porträtist Goethes‘ wurde nur 47 Jahre alt. Auf dem Historischen Friedhof in Weimar liegt er begraben. ■

Corona SCHRÖTER

Sängerin, Schauspielerin, Komponistin, Gesangslehrerin (geb. 1751 Guben – gest. 1802 Ilmenau/ Thüringen)

Markt 5 (früher 8)

Corona Schröter stammte aus einer Musikerfamilie und war schon mit 14 Jahren eine gefeierte Sängerin. Durch die Empfehlung Goethes, der sie aus seiner Leipziger Studentenzeit kannte, wurde sie 1776 nach Weimar engagiert, als Kammersängerin der Herzogin Anna Amalia und als Schauspielerin für das höfische Liebhabertheater: Ein Glücksfall für die Schröter, denn Gesangspartien auf großen Bühnen war ihre Stimme infolge früher Überanstrengung nicht mehr gewachsen, und schauspielern wollte sie nur im kleinen Kreis, da eine ‚Komödiantin' damals noch etwas Anrüchiges hatte. Sie spielte unter anderem Hauptrollen in frühen Goethedramen, so 1779 in der Uraufführung der „Iphigenie", neben Goethe in der Rolle des „Orest".

Corona Schröter (Stahlstich von Auguste Hüssener)

Corona Schröter war gebildet und vielseitig begabt, sie spielte Klavier, Flöte und Gitarre, sprach Polnisch, Französisch und Italienisch, malte, gab Gesangsunterricht und veröffentlichte selbstkomponierte Lieder. Aufgrund ihrer Schönheit und großen Ausstrahlung hatte sie viele Verehrer. Weimars Herzog Karl August versuchte vergeblich sie als Mätresse zu gewinnen. Heimlich liiert war Corona Schröter mit dem Kammerherrn Friedrich Hildebrand von Einsiedel (1750 – 1828), der im selben Haus wie sie wohnte.

Erst 51 Jahre alt starb die Künstlerin, die sich bereits 1783 von der Bühne zurückgezogen hatte, an „Bluthusten". ■

Mit ihrer Gesellschafterin Wilhelmine Probst lebte Corona Schröter im ersten Stock (rotes Haus). Das im Zweiten Weltkrieg zerstörte Gebäude wurde 1988 in Anlehnung an den Vorgängerbau rekonstruiert.

Zeichner, Stahl- und Kupferstecher (geb. 1785 Dresden – gest. 1878 Weimar)

Goetheplatz 3

Von Carl August Schwerdgeburth hieß es, er habe sich blitzschnell das Gesicht eines Passanten merken können, um es anschließend aus dem Gedächtnis zu porträtieren.

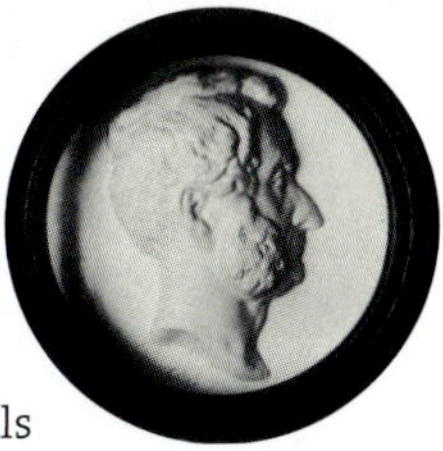

Schwerdgeburth (Gipsrelief, vermutlich von Angelica Facius, Goethe-Museum, Düsseldorf)

Bis heute bekannt ist sein Bildnis Goethes aus dem Jahr 1832 – das letzte zu Lebzeiten des Dichters entstandene Porträt. Auch dieses Bild hatte Schwerdgeburth aus der Erinnerung gezeichnet. Als Goethe es zu Gesicht bekam, war er so angetan, dass er eine Kupferstichversion anregte und an Schwerdgeburth schrieb: „Ich will so oft sitzen, als Sie es wünschen (...)."

Schwerdgeburth, seit 1822 Weimarer Hofkupferstecher, hat sich als eigenständiger Künstler trotzdem nicht recht durchgesetzt. Er war vor allem für die Ausführung von Illustrationen in Büchern, Almanachen und Zeitschriften gefragt. Häufig verarbeitete er Vorlagen anderer Künstler; nach Zeichnungen Goethes etwa hat er Radierungen angefertigt. Nach eigenem Entwurf entstanden Porträts einiger Weimarer Persönlichkeiten wie Friedrich Justin Bertuch, Karl August Böttiger und Großherzog Karl August, den er in genrehaften Szenen wie „Karl August von der Jagd zurückkehrend" (1831) dargestellt hat. Beliebt war seine Stichfolge zum Leben von Martin Luther, die schon ganz in der Tradition spätromantisch-biedermeierlicher Kunstauffassung steht. ■

In diesem Haus – hier die Rückfront – wohnte Schwerdgeburth mit seiner Frau Friederike, geb. Simmer, und Sohn Otto, der später Maler wurde.

Louise SEIDLER

Malerin (geb. 1786 Jena – gest. 1866 Weimar)

Marienstraße 3, „Jägerhaus“

Louise Seidler, Selbstbildnis (Bleistiftzeichnung, 1820)

Louise Seidler war „Goethes Malerin“. Er hat ihre Laufbahn gefördert und stets mit Interesse begleitet. Ihre Bekanntschaft mit Goethe reicht bis in die Kindheit zurück. Im Hof des Jenaer Schlosses spielte sie als Tochter des Oberstallmeisters oft mit Goethes Sohn August. Voller Sympathie für den Dichter berichtete sie später, wie Goethe ihnen an einem Bindfaden befestigte Tortenstückchen herabließ.

Durch seine Protektion erhielt Louise Seidler mehrfach Stipendien: 1810/11 für einen Aufenthalt in Dresden, später auch nach München und Paris. Die Jahre 1818 bis 1823 und 1832/33 verbrachte sie als Künstlerin in Rom – ungewöhnlich für eine Frau ihrer Zeit.

1823 wurde sie Zeichenlehrerin der Weimarer Prinzessinnen Maria und Augusta und 1824 Kustodin der Großherzoglichen Gemäldesammlung, die sich im ersten Stock des Jägerhauses befand. Ihre Werke, vor allem Porträts Weimarer Prominenter, Allegorien oder Kopien Alter Meister, sind kaum noch bekannt. Ihre „Erinnerungen“ aber, die die im Alter fast blinde Malerin einer Freundin diktierte, werden als lebendiges Zeitdokument noch heute verlegt.

Im Dachgeschoss des 1732 für die Forstverwaltung errichteten, heute nur noch zum Teil erhaltenen Gebäudes hatte Louise Seidler neben anderen Künstlern ab 1823 eine Dienstwohnung.

Beigesetzt ist die unverheiratet gebliebene Louise Seidler auf dem Historischen Friedhof – mit den Briefen ihres einstigen Verlobten Geoffroy, einem französischen Arzt, der 1810 in den Kriegswirren ums Leben gekommen war. ■

Hofdame, Freundin Goethes (geb. 1742 Eisenach – gest. 1827 Weimar)

Ackerwand 25/27

Charlotte von Stein, als Tochter des Hofmarschalls Johann Wilhelm Christian von Schardt in der Weimarer Scherfgasse 3 aufgewachsen, in ihrer Jugend Hofdame der Herzogin Anna Amalia, wenig glückliche Ehefrau des herzoglichen Oberstallmeisters Ernst Josias von Stein (1735–1793), Mutter dreier Söhne, Gelegenheitsdichterin, attraktiv, eigenwillig und gebildet, ist heute nur noch aufgrund ihrer Beziehung zu Goethe bekannt.

Sie lernte ihn Ende 1775 kurz nach seiner Ankunft in Weimar kennen und blieb mehr als zehn Jahre die „mütterliche" Freundin des sieben Jahre jüngeren Dichters. Ihre Verbindung erhielt einen tiefen Riss durch seinen heimlichen Aufbruch zu einer fast zweijährigen Italienreise und zerbrach, als er 1788 seine spätere Lebensgefährtin Christiane Vulpius traf.

Charlotte von Stein (Bleistiftzeichnung, wahrscheinlich Selbstbildnis)

Erhalten sind ca. 1600 Briefe und Billetts von Goethe an Charlotte, in denen er ihr oft seine Liebe erklärte. Ihre eigenen Briefe hatte sie zurückverlangt und vernichtet, so dass man nicht weiß, ob sie mehr als tiefe Freundschaft für ihn empfand. Trotz späterer Wiederannäherung überwog die Enttäuschung: „Wenn ich ihn nur aus meinem Gedächtnis wischen könnte", schrieb Charlotte noch 1792.

Ihr Grab liegt auf dem Historischen Friedhof; das Reliefporträt auf ihrem Grabstein fertigte Adolf von Donndorf nach ihrem Selbstbildnis an. ■

In dem um 1770 entstandenen Gebäude, einst herzoglicher Pferdestall, wohnte Charlotte von Stein 50 Jahre bis zu ihrem Tod am 26. Januar 1827.

Schriftsteller, Philosoph, Begründer der Anthroposophie
(geb. 1861 Kraljevec/ heute Kroatien – gest. 1925 Dornach bei Basel)

Prellerstraße 2/ Ecke Steubenstraße

Steiner, um 1882

Die vier Jahre in der Prellerstraße waren die längste und wohl auch schönste Zeit, die Rudolf Steiner in Weimar verbrachte. Seine Vermieterin Anna Eunike (1853–1911), Witwe und Mutter von fünf Kindern, richtete ihm eine Wohnung im Erdgeschoss ein; Steiner durfte sogar die Bibliothek des verstorbenen Hausherrn benutzen. Seine anderen Unterkünfte in der Ackerwand 4, Junkerstraße 12 (heute Stadtring), Kurthstraße 16 und Bauhausstraße 12 bewohnte Steiner nur kurze Zeit.

Im Oktober 1890 begann er als Mitarbeiter am Weimarer Goethe-und-Schiller-Archiv. Für die Sophienausgabe, einer vollständigen Edition der Werke Goethes, bearbeitete er dessen naturwissenschaftliche Schriften. Nach positivem Anfang – Steiner war glücklich, an den Orten zu sein, „an denen diese Gedanken entstanden sind" – traten Probleme mit dem Archivleiter Bernhard Suphan und Kritik an seiner Editionsarbeit auf, man bemängelte Lesefehler und Weglassungen. Steiner, in erster Linie an der Darstellung Goethescher Gedanken interessiert, lag die philologische Quellenaufarbeitung nicht. Auch seine eigenen Werke, darunter ein Buch über Nietzsche und die „Philosophie der Freiheit" (1893), Grundlage seiner anthroposophischen Lehre, stießen in Weimar auf wenig Sympathie, sodass er 1897 nach Berlin ging. Anna Eunike, die ihm folgte, hat er 1899 dort geheiratet. ■

Wo sich heute ein Restaurant befindet, hatte Steiner von 1892 bis zum Verkauf des Hauses 1896 eine Wohnung.

Komponist, Dirigent (geb. 1864 München – gest. 1949 Garmisch-Partenkirchen)

Erfurter Straße 19

Erst 26 Jahre alt war Richard Strauss, als er 1889 zweiter Hofkapellmeister in Weimar wurde – eine von vielen Etappen seiner Weltkarriere. Er übernahm den Spielplan für das deutsche Opernrepertoire, auf den er mit großem Engagement auch Wagner-Opern setzte, kein leichtes Unterfangen bei einem unzureichend besetzten Orchester, mangelnder Bühnenausstattung und knappen Finanzen.

Auch eigene Werke stellte er vor: Ende 1889 dirigierte Strauss am Weimarer Hoftheater die Uraufführung seiner symphonischen Dichtung „Don Juan", mit der er „einen für Weimar ziemlich unerhörten Beifallssturm" entfesselte, wie er an seinen Vater nach München schrieb. Im Frühjahr 1894 folgte seine, später kaum gespielte, erste Oper „Guntram". Die Partie der „Freihild" sang Pauline de Ahna (1863–1950), eine Münchner Sängerin, die Strauss als Schülerin nach Weimar gefolgt war. Zwei Tage vor der Uraufführung des „Guntram" hatte er sich mit ihr verlobt.

Richard Strauss in Weimar

Ein halbes Jahr später verließ Strauss, inzwischen verheiratet, Weimar recht enttäuscht: „Es befindet sich alles hier wie vor hundert Jahren, nur dass ein gewisser Goethe nicht mehr mittut." Wie vor ihm Johann Nepomuk Hummel und Franz Liszt war Strauss daran gescheitert, Weimar dauerhaft zu einem Zentrum europäischer Musik zu machen. ■

Fünf Jahre lang war das Häuschen der Wohnsitz des berühmten Musikers.

Maler, Architekt, Designer (geb. 1863 Antwerpen – gest. 1957 Zürich)

Belvederer Allee 58, „Haus Hohe Pappeln“

Der Belgier Henry van de Velde war ein Allroundtalent. Er hatte zunächst Malerei studiert, sich dann aber Architektur und Design zugewandt und nahezu alle Arten von Gebrauchsgegenständen, von Möbeln über Geschirr bis zu Stoffen, Türbeschlägen und Bucheinbänden entworfen. Der Durchbruch gelang ihm in Deutschland mit der Ausstattung von Büros, Läden und Wohnungseinrichtungen für die Oberschicht, wie die Wohnungen seines Freundes Harry Graf Kessler in Berlin und Weimar – alles in einer hocheleganten, aber schlichten Variante des Jugendstils. Sein größter Privatauftrag war die 32-Zimmer-Villa für den Chemnitzer Industriellen Herbert Esche (1902/03): Architektur und Ausstattung aus einem Guss.

Durch Vermittlung von Graf Kessler und Elisabeth Förster-Nietzsche wurde van de Velde 1902 als künstlerischer Berater für Industrie und Handwerk nach Weimar berufen, verbunden mit großen Hoffnungen auf neue künstlerische Impulse für das kleine Herzogtum. Van de Velde, der auch pädagogische Ambitionen hatte, grün-

dete 1907 die Kunstgewerbeschule, die zum Vorläufer des Bauhauses wurde und errichtete markante Bauten in der Residenzstadt: die berühmten Gebäude der Kunst- und Kunstgewerbeschule (1904/11), die 1919 bis 1925 Sitz des Staatlichen Bauhauses waren und heute von der Bauhaus-Universität genutzt werden, sowie die Häuser Dürckheim-Montmartin (Cranachstraße 47) und Henneberg (Gutenbergstraße 1). 1902 baute er das Erdgeschoss der Weimarer Nietzsche-Villa um. Die noble Jugendstil-Ausstattung von Bibliothek, Speisesaal und Arbeitszimmer mit dem für ihn typischen Einbaumobiliar ist heute das einzige vollständig erhaltene Interieur des Designer-Architekten.

Henry van de Velde

1907 errichtete van de Velde für sich und seine Familie – mit seiner Frau Maria, geb. Sèthe (1867–1943) hatte er vier Töchter und einen Sohn – das etwas abgelegene Haus im Vorort Ehringsdorf: ein Gesamtkunstwerk, das Architektur, Garten und Innenausstattung umfasst. Naturmaterialien, Loggien, Terrassen und Pergolen verbinden den unregelmäßig geformten Bau harmonisch mit der umgebenden Landschaft. Innen erhielt jeder Raum eine eigene Farbgestaltung und selbstentworfene Möbel.

Im einstigen Wohnhaus van de Veldes können heute Salon, Arbeits- und Esszimmer im Erdgeschoss besichtigt werden.

Richtig heimisch wurde van de Velde in Weimar nie. Er könne sich kaum vorstellen, dass er „irgend wo anders den selben erbärmlichen Feindseligkeiten ausgesetzt sein werde (...)“, wie er sie „seit 13 Jahren in Weimar ertrage“, schrieb er 1914. 1917 ging er in die Schweiz, als Ausländer hatte er im Ersten Weltkrieg nicht länger in Deutschland bleiben können.

Sein Haus wurde 1990 bis 1996 wieder in den Originalzustand versetzt und mit einigen seiner Möbel bestückt. Viele seiner Entwürfe, darunter die Einrichtung des einstigen Friseursalons Haby in Berlin, sind auch im Weimarer Bauhaus-Museum zu sehen. ■

Schriftsteller, Altphilologe, Übersetzer, Publizist, Prinzenerzieher (geb. 1733 Oberholzheim/ heute zu Achstetten, Kr. Biberach – gest. 1813 Weimar)

Marienstraße 1

Neben seiner Wohnung in der Marienstraße 1 hatte Christoph Martin Wieland während der mehr als 40 Jahre, die er in Weimar zu Hause war, fünf weitere Adressen: Anfangs im „Lutherhof", dann kurze Zeit am Wielandplatz 1, später im Hinterhaus Markt 18 (abgerissen), in der Rittergasse 19 und schließlich in der Wielandstraße 1, wo er am 20. Januar 1813 gestorben ist. Die Jahre 1797 bis 1803 verbrachte er auf seinem Landgut in Oßmannstedt bei Weimar, das heute Wieland-Gedenkstätte ist. Neben seiner Frau Anna Dorothea, geb. von Hillenbrand (1746–1801) und Sophie Brentano, einer Freundin der Familie, ist er im Park des Gutsgeländes begraben.

Wieland kam im September 1772 nach Weimar. Beeindruckt von seinem kurz zuvor erschienenen Buch „Der Goldne Spiegel", einem Roman über die Erziehung zukünftiger Herrscher, hatte ihn Herzogin Anna Amalia als Erzieher ihres ältesten Sohns engagiert – zu äußerst günstigen Bedingungen: Nach nur dreijähriger Erziehertätigkeit – Erbprinz Karl August wurde 1775 volljährig – erhielt Wieland eine Pension von jährlich 600 Talern, die ihm mit den Einnahmen durch Buchhonorare ein Leben als freier Schriftsteller und ein gutes Auskommen für seine mit sieben Töchtern und zwei Söhnen sehr große Familie ermöglichte.

Es zeugt von der Liberalität Anna Amalias, dass sie einen republikanisch gesonnenen Bürgerlichen nach Weimar holte, der von sich sagte: „(...) ich rede und handle nach meinen Grundsätzen und nach meinen innersten Empfindungen" und als „deutscher Voltaire" 1808 sogar von Napoleon zu einem Gespräch ins Weimarer Schloss geladen wurde.

Mit Wieland jedoch war auch eine bekannte Schriftstellerpersönlichkeit gewonnen, die die Aufmerksamkeit der Literatenwelt auf das kleine Herzogtum lenkte. Der Beginn seines Wirkens in Weimar gilt als „Geburtsstunde der Weimarer Klassik".

Christoph Martin Wieland

Viel Beachtung fand „Der Teutsche Merkur", eine Monatszeitung für Politik und Literatur, die Wieland ab 1773 nach dem Vorbild des Pariser „Mercure de France" in Weimar herausgab. Goethe, der neben Schiller, Herder und Karl August Böttiger regelmäßig Textbeiträge lieferte, nannte sie den „Leitfaden" damaliger Literaturgeschichte. Wieland war auch als Übersetzer maßgebend. Neben antiken Autoren wie Lucian, Ovid und Cicero übertrug er als erster die Dramen Shakespeares ins Deutsche. Seine eigenen Romane, Versepen und Singspiele, darunter „Alceste", das erste Singspiel in deutscher Sprache, im Sommer 1773 in Weimar uraufgeführt, wurden wegen ihrer sprachlichen Eleganz seinerzeit hoch geschätzt.

Heutzutage wird Wieland kaum noch gelesen. Bereits Friedrich Nietzsche sagte, Wieland habe besser „als irgend Jemand deutsch geschrieben (...), aber seine Gedanken geben uns Nichts mehr zu denken." ■

Wielands Adresse von 1777 bis 1792. Hier entstand sein bekanntestes Werk, die Verserzählung „Oberon". In dem 1728 errichteten, 1843/44 von Clemens Wenzeslaus Coudray umgestalteten Haus lebte von 1886 bis 1927 auch der prominente Fotograf Louis Held.

Schriftsteller, Jurist
(geb. 1845 Beirut – gest. 1909 Berlin)

Am Horn 25

Ernst von Wildenbruch, um 1905 (Foto von Louis Held)

„Gott lasse dieses Haus bestehn/ Und laß es Fried' und Freude sehn,/ Solange Deutschland steht und hält./ Wenn Deutschland aber sinkt und fällt,/ Am selben Tag, zur selben Stund'/ Schlag Gott dies Haus in Grab und Grund." Die Verse, die Ernst von Wildenbruch 1906 zum Richtfest seiner Weimarer Villa schrieb, klingen rückblickend wie ein Lebensmotto: Von Wildenbruch, im Brotberuf bis 1900 Jurist im Berliner Auswärtigen Amt, war einer der erfolgreichsten Dramatiker des deutschen Kaiserreichs – und schon 1918 mit dem Zerfall der Monarchie vollkommen aus der Mode.

Seine patriotischen Historiendramen, die von Königen, Fürsten und Feldherren der deutschen Geschichte handeln, wurden vom konservativen Theaterpublikum geliebt. Das Hohenzollern-Drama „Die Quitzows" erlebte allein in Berlin zwischen 1888 und 1918 fast 300 Aufführungen.

Da er sich von der literarischen Avantgarde jedoch zunehmend attackiert fühlte, zog sich von Wildenbruch in das traditionsverbundenere Weimar zurück. Die Sommer verbrachte er ab 1901 mit seiner Frau Maria im „Haus Alisa", Am Horn 3, bevor er 1907 in seine eigene Villa zog.

23 seiner Stücke standen auf dem Spielplan des Weimarer Hoftheaters. Sein Schauspiel „Die Lieder des Euripides" wurde 1905 hier uraufgeführt.

Ernst von Wildenbruch, der in Berlin starb, wurde in Weimar auf dem Historischen Friedhof beigesetzt. ■

Die neubarocke „Villa Ithaka", die sich der Schriftsteller 1907 von Paul Schultze-Naumburg, dem Architekten vieler Herrschaftssitze, erbauen ließ.

Architekt, Bauunternehmer
(geb. 1860 Oberweimar – gest. 1934 Weimar)

Humboldtstraße 21

Neben Henry van de Velde war Rudolf Zapfe der bedeutendste Jugendstilarchitekt Weimars. Anders als sein weltbekannter belgischer Kollege, der hier nur wenige Gebäude verwirklichen konnte, hat Zapfe das architektonische Gesicht der Stadt zu Beginn des 20. Jahrhunderts entscheidend geprägt. Überwiegend in den südlichen Bezirken errichtete er fast 400 Bauten, deren elegante Fassaden noch heute Schmuckstücke im Straßenbild sind. Dazu gehören das Haus Humboldtstraße 59 (1911), in der später die Schauspielerin Lil Dagover lebte, oder die für einen Regierungsrat erbaute Villa Leibnizallee 2 (1906/07), die Anfang der 1920er Jahre Wohnsitz der Bauhausmeister Johannes Itten und László Moholy-Nagy war.

Zu Zapfes Repertoire gehörten auch Bauten im historistischen Stil wie die Kreuzkirche in der William-Shakespeare-Straße, 1899 in neogotischen Formen erbaut. Sein bekanntestes Werk ist das Hansahaus am Wielandplatz 6 (1905), das seinerzeit heftig abgelehnt wurde, da man in dem großen Bau mit der dominierenden Kuppel eine Beeinträchtigung der angrenzenden kleinen Altstadt-Bürgerhäuser sah. Zapfe war auch als Bauspekulant sehr erfolgreich. Er erwarb billig Grundstücke, die er bebaute, um sie anschließend mit Gewinn wieder zu verkaufen.

Das Grab des geschäftstüchtigen Architekten liegt auf dem Hauptfriedhof. ■

Das eigene, 1907 entstandene Haus des Architekten. Wohnung und Atelier lagen im Erdgeschoss, die oberen Etagen vermietete er.

Carl ZEISS

Mechaniker, Unternehmer (geb. 1816 Weimar – gest. 1888 Jena)

Kaufstraße 1

Carl Zeiss wurde als fünftes von zwölf Kindern in Weimar geboren. Sein Geburtshaus in der Marktstraße 15 ist noch vorhanden. Aufgewachsen ist er jedoch in dem schönen Bürgerhaus in der Kaufstraße 1.

Nichts in seiner Kindheit ließ vermuten, dass Carl Zeiss später als Gründer der Jenaer Zeiss-Werke zu den berühmten Unternehmerpersönlichkeiten des 19. Jahrhunderts zählen würde. Die Eltern – der Vater war Kunstdrechsler – führten ein Spielwarengeschäft. Sie waren angesehen – Carl Zeiss' Pate war Carl Friedrich von Sachsen-Weimar –, gehörten aber nicht zu den „besseren" Kreisen. Ihr Einkommen reichte allerdings aus, um ihren Sohn auf das Gymnasium zu schicken, so dass er neben seiner Ausbildung als Mechaniker und Optiker später auch Mathematik-Vorlesungen an der Jenaer Universität hören konnte.

Carl Zeiss, um 1868/70

In Jena baute Zeiss ab 1845 eine mechanisch-optische Werkstatt auf, die sich in Zusammenarbeit mit dem Physiker Ernst Abbe vor allem durch die berühmten Zeiss-Mikroskope zum international führenden Optik-Konzern entwickelte.

Dass die Firma Zeiss damals nicht in Weimar eröffnete, scheiterte nur an der Stadtverwaltung: Da es bereits zwei Werkstätten für optische Geräte gab, hatte sie Carl Zeiss die Gründung verweigert. ■

Das Elternhaus des berühmten Konzerngründers (Mitte, links das Rathaus)

Ackerwand 25/27
(Charlotte von Stein)

Amalienstraße 17
(Franz von Lenbach)

Am Horn 15
(Georg Kaiser)

Am Horn 25
(Ernst von Wildenbruch)

Am Horn 39
(Gabriele Reuter)

Am Horn 53
(Paul Klee)

Am Palais 2
(Adolf von Donndorf)

Belvederer Allee 8
(Friedrich Preller d. Ä.)

Belvederer Allee 58
(Henry van de Velde)

Brauhausgasse 13
(Johann Peter Eckermann)

Cranachstraße 15
(Harry Graf Kessler)

Erfurter Straße 19
(Richard Strauss)

Frauenplan 1
(Johann Wolfgang von Goethe)

Frauenplan 8
(Max Liebermann)

Geleitstraße 10
(Peter Cornelius)

Goetheplatz 3
(Carl August Schwerdgeburth)

Graben 2
(Helene Böhlau)

Graben 33
(Johann Joseph Schmeller)

Gutenbergstraße 16
(Lyonel Feininger)

Heinrich-Heine-Str. 12/14
(Clemens Wenzeslaus Coudray)

Herderplatz 8
(Johann Gottfried Herder)

Herderplatz 9
(Karoline Jagemann Freifrau von Heygendorff)

Humboldtstraße 21
(Rudolf Zapfe)

Humboldtstraße 36
(Friedrich Nietzsche)

Jakobstraße 3
(Karl August Böttiger)

Jakobstraße 10
(Familie Kirms-Krackow)

Karl-Liebknecht-Str. 5–9
(Friedrich Justin Bertuch)

Kaufstraße 1
(Carl Zeiss)

Kegelplatz 4
(Johann Karl August Musäus)

Leibnizallee 2
(Johannes Itten)

Leibnizallee 4
(August Heinrich Hoffmann von Fallersleben)

Luthergasse 1
(Johannes Daniel Falk)

Luthergasse 5
(Christiane von Goethe)

Marienstraße 1
(Christoph Martin Wieland)

Marienstraße 3
(Louise Seidler)

Marienstraße 8
(Johann Nepomuk Hummel)

Marienstraße 9
(Theodor Neubauer)

Marienstraße 17
(Franz Liszt)

Markt 5
(Corona Schröter)

Markt 11/12
(Lucas Cranach d. Ä.)

Markt 13
(Karl Ludwig von Knebel)

Prellerstraße 2
(Rudolf Steiner)

Prellerstraße 14
(Oskar Schlemmer)

Schillerstraße 12
(Friedrich von Schiller)

Schloßgasse 6
(August von Kotzebue)

Schubertstraße 15
(Franz Huth)

Steubenstraße 32
(Walter Gropius)

Steubenstraße 38/40
(Georg Muche)

Theaterplatz
(Anna Amalia Herzogin von Sachsen-Weimar-Eisenach)

Tiefurter Allee 4
(Helene von Nostitz-Wallwitz)

Wielandplatz 3
(Friedrich Wilhelm Riemer)

Wilhelm-Külz-Straße 3
(Wassily Kandinsky)

Windischenstraße 8
(Charlotte von Kalb)

Windischenstraße 12
(Friedrich von Müller)

LITERATUR

Baedeker-Reiseführer: Weimar, *Ostfildern (4. Aufl.) 2002*

Georg Dehio: **Handbuch der Deutschen Kunstdenkmäler – Thüringen,** *München u.a. 2003*

Deutsche Biografische Enzyklopädie (DBE), *hrsg. von Walter Killy, München u.a. 1995–1999 (10 Bde.)*

Magdalena Droste: **Bauhaus 1919–1933,** *Köln 1991*

Ute Fritsch: **Weimar – 99 Persönlichkeiten,** *Jena/Berlin 1999*

Irina Kaminiarz/Hans Lucke: **Goethes Weimar,** *Hamburg (2. Aufl.) 1999*

Die Musik in Geschichte und Gegenwart: Allgemeine Enzyklopädie der Musik, *begr. von Friedrich Blume, Personenteil (12 Bde.), Kassel u.a. 1999 ff*

Paul Raabe: **Spaziergänge durch Goethes Weimar,** *Zürich 1991*

Kerstin Sucher/Bernd Wurlitzer: **Weimar,** *Ostfildern (2. Aufl.) 2006*

Christiane Weber: **Villen in Weimar,** *Weimar 1997 ff*

Weimar – Lexikon zur Stadtgeschichte, *hrsg. von Gitta Günther, Wolfram Huschke und Walter Steiner, Weimar 1993*

Gero von Wilpert: **Goethe Lexikon,** *Stuttgart 1998*

IMPRESSUM

Buchgestaltung:
SILBERWALD –
Agentur für visuelle Kommunikation, Würzburg
www.silberwald.biz

Karte:
Fischer Kartografie, Aichach

Bildnachweis:
Alle Abbildungen der Wohnhäuser stammen von Christiane Kruse. Die Porträts der abgebildeten Persönlichkeiten stammen aus den Archiven von Christiane Kruse und des Verlagshauses Würzburg.

Repro:
SILBERWALD –
Agentur für visuelle Kommunikation, Würzburg

Druck/Verarbeitung:
Werbedruck GmbH Horst Schreckhase, Spangenberg

ISBN 978-3-8003-1991-6